高精尖产业发展背景下
北京市金融高质量发展研究

张 萍 刘 晓 著

北京理工大学出版社
BEIJING INSTITUTE OF TECHNOLOGY PRESS

内容简介

本书聚焦北京市高精尖产业发展和金融高质量发展，以金融如何更好地服务于高精尖产业发展为主线，系统分析了北京高精尖产业发展现状和金融高质量发展特征，探讨了金融支持高精尖产业发展的政策体系、融资环境和金融产品创新，并通过国内外案例分析总结经验，针对北京金融支持高精尖产业发展存在的问题提出政策建议，为推动北京经济高质量发展提供理论和实践支撑。

本书理论与实践结合，既有理论分析，又有案例支撑，内容全面、系统性强、可读性高，适合关注高精尖产业发展和金融高质量发展的学者、研究人员、政府官员、金融机构和企业管理者及从业人员，以及关注北京经济发展和城市规划的读者阅读。

版权专有　侵权必究

图书在版编目(CIP)数据

高精尖产业发展背景下北京市金融高质量发展研究 / 张萍，刘骁著. -- 北京：北京理工大学出版社，2024.4
ISBN 978-7-5763-3753-2

Ⅰ. ①高… Ⅱ. ①张… ②刘… Ⅲ. ①金融业-经济发展-研究-北京 Ⅳ. ①F832.71

中国国家版本馆 CIP 数据核字(2024)第 066393 号

责任编辑：江　立　　　文案编辑：江　立
责任校对：周瑞红　　　责任印制：施胜娟

出版发行 ／ 北京理工大学出版社有限责任公司
社　　址 ／ 北京市丰台区四合庄路 6 号
邮　　编 ／ 100070
电　　话 ／ (010)68914026(教材售后服务热线)
　　　　　　(010)68944437(课件资源服务热线)
网　　址 ／ http://www.bitpress.com.cn
版 印 次 ／ 2024 年 4 月第 1 版第 1 次印刷
印　　刷 ／ 三河市华骏印务包装有限公司
开　　本 ／ 710 mm×1000 mm　1/16
印　　张 ／ 11.75
字　　数 ／ 185 千字
定　　价 ／ 89.00 元

图书出现印装质量问题，请拨打售后服务热线，负责调换

前　言

北京经济体系建设已初步达到现代化水平，但经济发展不平衡、不充分问题依然比较突出，经济发展质量有待进一步提升。金融作为实体经济的血脉，能够为实体经济送活水，为经济高质量发展添动力。从城市发展的角度来看，构建城市高精尖产业体系和经济结构是实现北京发展目标、建设"四个中心"和国际一流宜居之都的必要条件。因此，如何让金融业更好地服务于高精尖产业，让高质量的金融支持高质量的经济发展，是新时期北京城市发展过程中需要思考的重要命题。

本书通过梳理我国高精尖产业以及金融发展现状，说明了在金融高质量发展背景下如何更好地服务于高精尖产业发展，分析了北京高精尖产业的发展情况与空间布局，指出了北京高精尖产业发展存在的问题，通过北京本地的成功企业范例和国外先进金融中心的案例，总结了高精尖产业发展的有益经验，为北京高精尖产业发展提出了详细的政策建议。

首先，本书分析了我国高精尖产业的现状，包括现实背景、发展目标、内在特征以及相关的政策制度安排。根据《北京市"十四五"时期高精尖产业发展规划》提出的"2441"产业体系，着重分析了两个国际引领支柱产业、四个特色优势的"北京智造"产业、四个创新链接的"北京服务"产业的发展现状。从产业规模和产业结构两个维度，分析北京高精尖产业的发展趋势，突出了高精尖产业在收益和创新成果方面的不断进取与突破。

其次，本书对北京金融高质量发展现状进行了阐述。从北京金融高质量发展的背景和意义出发，说明北京高质量的经济发展离不开北京高质量的金融支持。对于北京金融高质量发展的具体特征，本书从一般特征、首都特征和国际特征三方面逐一展开分析，以做好北京金融高质量发展顶层设计、引导金融机构服务高质量经济发展、优化金融机构高质量发展制度环境、提升北京多层次资本市场广度深度为发展方向，更好地实现北京金融高质量发展。

再次，结合高精尖产业以及北京金融发展现状，本书进一步探讨了金融如何支持北京高精尖产业发展。在政策指引层面，考虑了政府引导基金、税收优惠政策以及财政补贴政策；在融资环境方面，考虑了产业园区、融资平台和资本市场的建设情况，以及外资引入情况；与此同时，本书分别从银行业、资产管理业、保险业三大金融支柱行业分析了金融支持北京高精尖产业发展的实例，归纳总结在金融支持高精尖产业发展过程中所存在的问题。

从次，本书通过案例分析的方式，对金融支持国内外高精尖产业发展和实体企业分别进行了讨论。首先，分析了北京围绕新一代信息技术和医药健康两个国际支柱产业所打造的产业聚集地。其次，分别从政府的角度、市场的角度以及企业的角度分析案例，突出了金融在引导和支持高精尖产业发展中起到的巨大助推作用。此外，本书还考察了国际著名金融中心金融高质量发展案例，包括纽约、伦敦、巴黎、东京、硅谷、法兰克福，为我国的金融高质量发展以及高精尖产业发展提供实践经验。

最后，针对我国高精尖产业发展现状、金融高质量发展过程中可能存在的瓶颈，以及金融支持高精尖企业发展潜在的诸多问题，总结经验，对症下药，有针对性地提出相应政策建议，以期金融市场和政府力量能够有的放矢，精准发力，赋能高质量发展。

目 录

第一章 高精尖产业发展现状 ……………………………………………（ 1 ）
 第一节 高精尖产业背景 ……………………………………………（ 3 ）
 第二节 高精尖产业十大产业 ………………………………………（ 12 ）
 第三节 高精尖产业发展趋势 ………………………………………（ 21 ）
 第四节 高精尖产业发展现状 ………………………………………（ 25 ）
 第五节 高精尖产业发展现存问题 …………………………………（ 30 ）
 第六节 高精尖产业发展总结 ………………………………………（ 34 ）

第二章 北京金融高质量发展现状 ………………………………………（ 37 ）
 第一节 北京金融高质量发展的背景和意义 ………………………（ 39 ）
 第二节 北京金融高质量发展现状 …………………………………（ 40 ）
 第三节 北京金融高质量发展特征 …………………………………（ 48 ）
 第四节 实现北京金融高质量发展建议 ……………………………（ 52 ）

第三章 金融支持北京高精尖产业发展的现状和存在问题 ……………（ 59 ）
 第一节 金融支持北京高精尖产业发展政策指引 …………………（ 61 ）
 第二节 金融支持北京高精尖产业发展现状 ………………………（ 62 ）
 第三节 金融支持北京高精尖产业发展现存问题 …………………（ 87 ）
 第四节 金融支持北京高精尖产业发展建议 ………………………（ 90 ）

第四章 金融支持北京高精尖产业发展案例分析 ………………………（ 93 ）
 第一节 两个国际支柱产业：构建孵化基地 ………………………（ 95 ）

第二节　政府引导企业成长：落实优惠政策 …………………（102）

第三节　市场助力企业发展：打通融资渠道 …………………（109）

第四节　金融科技反哺企业：提价值促成长 …………………（112）

第五章　国际著名金融中心金融高质量发展案例……………………（119）

第一节　纽约金融高质量发展 …………………………………（121）

第二节　伦敦金融高质量发展 …………………………………（128）

第三节　巴黎金融高质量发展 …………………………………（136）

第四节　东京金融高质量发展 …………………………………（142）

第五节　硅谷金融高质量发展 …………………………………（156）

第六节　法兰克福金融高质量发展 ……………………………（163）

第六章　政策建议 ……………………………………………………（173）

第一章　高精尖产业发展现状

第一节 高精尖产业背景

党的二十大报告指出，要坚持创新在我国现代化建设全局中的核心地位，强化国家战略科技力量，提升国家创新体系整体效能，形成具有全球竞争力的开放创新生态。

高精尖产业，就是以技术密集型产业为引领，以效率效益领先型产业为重要支撑的产业集合。"高"最重要的指标是研发强度，"精"是具有自主知识产权的原始创新，"尖"是能够引领技术发展方向的国际技术前沿。高精尖产业的本质，是一种创新驱动的产业。北京建设国家科技创新中心，肩负着引领创新型国家建设的重任，首都北京理应成为我国自主创新的策源地和示范区，知识创新与技术创新的发动机，为实现创新型国家建设和《中国制造2025北京行动纲要》的目标提供有力支撑。发展高精尖产业符合国家发展战略，可以促进我国经济高质量发展。

统计数据显示，2012—2019年北京市的软件和信息服务业占GDP的比重逐年上升。特别是2017—2019年，在北京构建高精尖产业政策的推动下，北京软件和信息服务业发展更快。2019年全年，北京研究与试验发展经费支出2 233.6亿元，比上年增长19.39%，投入强度位列全国第一。2020年，北京高新技术制造业产业的增加值为9 242.3亿元，增长率为25.6%。其在2020年R&D（研究与试验发展）经费支出为157.97亿元，增长率为5.2%，并且该产业包含的众多行业的R&D经费支出均在逐年增加；战略性新兴产业增加值为8 965.4亿元，增长率为24.83%。由此可见，无论是在基础科学投入还是科技成果转化效率上，北京都持续处于领先位置。为了更好地推进高精尖产业发展，北京将继续大力推进高级产业集群建设，严格遵循《北京市"十四五"时期高精尖产业发展规划》，以高质量发展为主题，以城市总体规划为遵循，推动产业"换核、强芯、赋智、融合"，加快产业基础再造提升、产业链条优化升级、智能绿色全面覆盖、制造服务深度融合、区域发展开放联动"五个突破"，推进动力转换、效率提升、结构优化"三大变革"，力争到2025年，高精尖产业占GDP比重达到30%

以上，培育形成4~5个万亿级产业集群。

高精尖产业发展要促进创新链与产业链相互融合，其融合分为两种模式：一种是创新链推动产业链融合，逻辑在于技术创新催生产业发展，实现两者相互促进；另一种是产业链拉动创新链融合，逻辑在于产业发展到一定阶段后加入技术创新，实现相互促进和融合。我国的基础研究与原始创新能力仍有很大提升空间，大部分创新链关键环节与核心领域还掌握在发达国家的手里，高精尖产业要实现快速而健康的发展，有赖于众多创新要素的相互协作与相互促进，不仅要将一系列创新资源高效配置到高精尖产业的核心问题和关键领域的研发环节，而且还应提高产业企业对新知识、新技术的吸收和再转化能力，不断提高高精尖产业的自主研发能力。

根据《京津冀协同发展规划纲要》，北京高精尖产业的快速发展需要在京津冀地区寻求合理的功能布局，促进和带动京津冀地区的协同发展与结构升级。随着京津冀协同发展上升到国家战略，北京高精尖产业在构建产业合作机制、引导重大项目布局、共建产业园区等方面取得显著成效。伴随北京进入后工业化阶段，京津冀区域产业结构不断优化升级，现代制造业、现代服务业和战略性新兴产业已经成为区域产业协同发展的重要组成部分，北京高精尖产业的发展必然离不开天津与河北地区的强有力支撑。北京建设全国科技创新中心的战略定位，包括科技成果应用在内的不同方面和各个环节，在产业模式上不仅仅有基础研究，还承担着原始创新、高新技术研发以及建设企业研发总部基地的重任。针对高精尖产业布局，建设北京科技创新中心除了要在"三城一区"的科技创新主平台进行发展与建造，还应依托区域资源与产业优势，在整个京津冀区域进行创新产业集群的发展与统筹。

北京建设高精尖经济结构，要明确科技创新的基础和支撑作用，高效利用科技创新资源和区域优势，打造高新技术产业链，促进科技成果对产业的带动作用，拓展技术发展深度，重点发展以新一代信息技术、医药健康等行业为代表的战略性新兴产业，推动科技服务业和金融服务业的再提升，促进北京科技与高精尖产业发展紧密结合，提升现代产业核心竞争力和高端化城市品质，最终实现经济转型升级与绿色低碳发展，建设首都高精尖经济结构。

宏观布局和微观落实高精尖产业发展。北京市已经就十大高精尖产业的区域布局、发展方向和理念等方面进行了详细解读，从土地、财政和人才等方面给出政策支持，在宏观上进行了全面科学的顶层设计和区域布局。在微观上，北京市依托中关村科学城、未来科学城和怀柔科学城，建立一批创新型产业集群和示范区，壮大发展科技服务业，巩固提升新一代信息技术、集成电路和人工智能产业发展，着力推动智能装备快速发展，夯实壮大医药健康产业，重点培育新材料与新能源产业，积极培育节能环保产业，主要分为三大不同类型的行业。

一是引领全球行业发展的行业——人工智能和集成电路产业。鼓励企业和高校科研团体积极参与国家科技计划和重大项目，在核心技术和关键领域取得突破，建设世界一流的国家级集成电路创新平台；完善中关村集成电路设计园等公共服务平台功能，建立集成电路设计产业服务体系；鼓励国外人工智能企业和科研机构在京设立基础研究院和研发中心，建立一批专业化、开放化的人工智能新型研发机构，以及跨区域人工智能创新资源服务平台。

二是夯实行业发展基础地位的行业——软件和信息服务产业、医药健康产业和新能源智能汽车产业。面向国家重大战略需求，解决"缺芯少魂"问题，北京要建设软件"强基"工程；推动基础软件先进制造创新中心建设，大力发展面向新型智能硬件的基础软件平台；支持国际顶尖研发机构、跨国医药企业研发中心在北京设立总部，资助高校科研机构、企业甚至是国外研究中心联合建设国际领先水平的开放实验室和创新中心；支持医药创业孵化器、实验动物服务平台、医学工程转化中心等建设；面向重大关键技术问题，创建一批医疗产业创新中心、高精尖设计中心等创新载体；依托亦庄、顺义和房山三大新能源汽车产业基地，推动传统汽车与新能源汽车共平台开发及新能源汽车全新平台产品开发，推动传统自主品牌汽车向智能网联化、电动化方向转型升级。

三是内部产业结构不断调整的行业——智能装备产业、新材料产业、科技服务业、新一代信息技术产业和节能环保产业。北京在这几个行业中已经具有较好的发展基础和研发优势，既包括传统行业的高端部分，也包括新兴产业的高端部分，是战略性新兴产业的重要引擎，应借助当前政策和资源优势，紧紧围绕高端环节，积极推动行业转型升级和结构调整；加强关键技术研发及核心装备研制，提升核心技术和关键环节的产业化能力，推动自主品牌同国际先进水平接轨；加强各行业发展的智能化、低碳化，建立北京高精尖产业集群。

从全球看,世界正经历百年未有之大变局,国际环境日趋复杂,经济和科技竞争更趋白热化,信息、生物、新材料、新能源等领域的技术突破与交叉融合,将对产业转型升级和变换发展赛道产生深刻影响;从国内看,我国经济已进入高质量发展新阶段,着力构建新发展格局,加快发展现代产业体系,将为北京高精尖产业创新发展注入新活力。因此,北京必须保持发展高精尖产业的战略定力,深入落实关于高精尖产业的发展战略,坚定不移发挥首都功能,加快科技创新,大力构建高精尖经济结构,努力提高创新能力和在国际上的竞争力,探索实践具有首都特色的产业转型升级之路。

一、高精尖产业目标

北京发展高精尖产业,要坚持首都发展为统领,努力抓住产业调整转型的势头和新发展阶段,深入贯彻新发展理念,主动融入新发展格局,全力推进高质量发展,切实肩负起国家赋予的使命和责任。发展高精尖产业的目标就是要实现创新发展的产业体系、融合发展的产业体系和协调发展的产业体系,使得产业链和供应链更加融合,协作更加高效。

(1) 高精尖产业体系是实现创新发展的产业体系。改革开放以来,我国先是形成电子信息、生物工程、新能源、现代交通运输设备制造业等技术密集型的产业,随后又不断发展技术密集型产业。我国技术密集型产业发展时间较短,制造业的整体效率、高新技术产业链、关键与核心技术等方面与国际发达国家相比还存在差距,例如:在整个制造业中,高端制造业占总体比重很小,在许多生产过程中存在"卡脖子"现象,关键技术、关键材料、关键元器件、关键设备上常常受制于人。发展高精尖产业有助于解决制造业的自主创新问题,不断增强先进制造业能力,提高在国际上的竞争力。只有努力增强"高精尖"产业持续发展,才能掌握自主发展权,打造北京的全球产业合作和竞争新优势。

(2) 高精尖产业体系是实现融合发展的产业体系。高精尖产业加速发展基于第四次产业革命的兴起与快速发展,第四次产业革命在第三次产业革命的基础上衍生了数字技术创新,以物联网、云计算、大数据、3D打印技术为代表。数字技术创新通过大数据智能算法和数字网络,使现在的生产过程、生产方式发生翻天覆地的变化。要想实现数字技术与其他技术领域的融合,就需要不断加大创新力度，让创新加快融合进度并打破行业边界，实现跨界与协同。制造业通过应用新一代信息技术、软件和信息服务业，成功加速转型升级。龙头企业在实现智能化升级、打造智慧工厂的基础上，通过云平台向制造服务业企业转型。在融合发展中，信息技术产业得到更快的发展。

（3）高精尖产业体系是实现协调发展的产业体系。北京的"十四五"产业发展规划强调城市群协调发展。按照系统创新理论，高精尖产业具有创新驱动的属性，带动力极强，它能够辐射带动其他产业集群，对经济具有极强的拉动作用。高精尖产业不仅能实现中心城市的经济高质量发展，而且能带动周边地区的产业联动转型。就京津冀地区而言，京津冀协同发展是我国重大区域发展战略，产业对接协作是这一战略的核心内容之一，产业升级是三地的共同任务。在疏解非首都核心功能的过程中，天津和河北一直是北京产业转移的主要承接者。然而，两地仅仅简单承接北京转移的一般产业是远远不够的，迫切需要发展高精尖产业带动区域科技创新与成果转化，促进区域产业联动，形成经济协同发展、错位发展、融合发展的格局。为实现产业协同发展，北京市的"十四五"规划中在环京地区规划布局了三个圈层，目的是在空间区位上合理匹配，形成互补错位、合理高效的产业格局，优化产业结构。

二、高精尖产业特征

高精尖产业的特征在总体上可以概括为以"创新"驱动各产业的发展，主要包括推动北京经济结构不断升级、推进全球数字经济标杆城市建设、提高医药健康产业的创新能力、营造科技服务业创新生态、加快融合软件和信息服务业与先进制造业、大力发展硬科技。

（1）创新驱动北京经济结构不断升级。北京作为全国第一个发展高精尖产业的城市，将科技创新作为产业引领，着力发展技术创新能力强、引领其他产业发展能力强的产业，快速发展拥有核心竞争力的高新技术企业，主动参与涉及国家重大战略布局的项目和最先进技术的研发，使北京产业结构拥有合理化、高级化的特征。2020年北京高精尖产业实现增加值9 885.8亿元，占地区生产总值比重达到27.4%，取得重大成就。

（2）全球数字经济标杆城市建设加速推进，数字经济创新成为北京高质量发展引擎。其中将新一代信息技术产业作为引领北京高质量发展的产业，主要以人工智能、先进通信网络、超高清视频和新型显示、产业互联网、网络安全和信创、北斗、虚拟现实为代表。2020 年，北京新一代信息技术产业的工业产值在十大高精尖产业中占比最高，投入经费也位于前列，综合发展水平排在第一位。

(3) 医药健康产业创新能力持续增强，跑出发展加速度。北京医药健康产业主要发展创新药、新器械、新健康服务三大方向。在创新药方向，主要致力于新型疫苗的研发、抗体药物的研制等；在新器械方向，着力发展国产高端医疗设备，使其处于领先优势；在新健康服务方向，努力实现健康管理信息标准化、商业健康专业化和智能化，医药健康领域竞争力位于前列。2019 年，北京已拥有亿元品种 100 余个，医药健康领域源头创新品种全国最多；除此以外，北京还启动建设了 5 个示范性研究型病房，创新医疗器械申请和获批数量均居全国第一。2020 年北京医药健康产业的工业产值在总体占比位于第二。

(4) 科技服务业营造产业创新生态，创新环境不断优化。北京是全国首个服务业扩大开放综合试点城市，以科技创新、服务业开放和数字经济为特征建设自由贸易示范区，为北京科技服务业注入了强大动力。2019 年北京科技服务业机构总量达到 73.7 万个。到 2020 年，科技部确定我国共有 498 家"众创空间"，北京"众创空间"从业人员占全国的 13%，达到 24.7 万人，分别是广东、上海的 1.6 倍和 4.3 倍。

(5) 软件和信息服务业与先进制造业融合加快，产生协同效益。北京软件和信息服务业与先进制造业融合互动加快，提质增效迈出坚实步伐。2020 年规模以上软件和信息服务业人均营业收入较 2015 年增加 99.1%。在融合发展中，北京软件和信息服务业得到更快发展。2019 年软件和信息技术服务业增加值占 GDP 比重已达 13.5%。

(6) 大力发展硬科技，创新驱动北京产业高质量发展。硬科技是指能够提高物质产品生产效率的科学技术，是能够改进物质产品生产的材料、设备、工艺、零部件、元器件和终端产品性能的技术，有利于提高我国国际产业分工地位和国际贸易竞争力。北京充分挖潜高校院所众多、科研人才聚集等资源禀赋优势，让更多的科技成果惠及产业创新发展，逐步形成产业创新驱动发展体系，拉动集成电路、新能源汽车、新材料、智能装备、节能环保等高精尖产业跨越式发展。

三、高精尖产业发展

高精尖原本是一个技术经济学的概念，指具有高级、尖端和精密特质的科学技术、产品工艺和先进发明。现被北京市政府应用到产业概念领域，指一种产业发展的导向和形态，高精尖产业是指那些具有"高、精、尖"属性的产业或产业组合。高精尖产业未来的发展主要是从提高全要素生产率、提高劳动生产率、提高资源生产率、提高环境效率四个方面着手。

（1）在提高全要素生产率方面，需要全面评估先进制造业的竞争力，把握高精尖产业在全球价值链中的地位，制定编制高精尖产业"卡脖子"攻关清单，提高高精尖产业的自主创新能力；增强产业基础能力，建立重点产业大数据公共服务平台，全面强化重点产业基础能力；提升企业创新能力，高新技术企业持续加大研发经费投入强度，不仅重视高精尖产业的技术先进性，进一步提升关键核心领域专利质量，而且要提高高精尖产业的市场成熟度，切实提高高精尖产业的产出。

（2）在提高劳动生产率方面，一是推动科技进步，改变企业产品档次不高、质量不高、品牌含金量不高等问题；二是重视人力资本投资，围绕新一代信息技术产业等重点领域加大紧缺专业人才培养力度，加强对劳动者的教育培训；三是设计多元化人才激励机制，通过首席专家特聘制度等提高新技术人员报酬，充分激发和调动研发人员的创造性。

（3）在提高资源生产率方面，一是着力推动企业兼并重组，发展一批具有较强竞争力的大企业、大集团，提高资源配置效率；二是提高土地节约使用，合理布局和调整优化重大工业项目建设，降低中间消耗；三是促进信息技术生产运营全过程的深度应用，通过"智能+"推动先进制造业企业向全要素、全流程、多领域智能协同运营转型。

（4）在提高环境效率方面，一是探索碳中和实现路径，创建一批碳中和示范企业，鼓励引导科技园区优先利用可再生能源；二是积极推广先进制造技术和清洁生产方式，提高产品全生命周期的节能水平；三是利用数字技术进行全过程智慧管控，加快制造业绿色低碳化发展。

四、高精尖产业政策

有关北京高精尖产业发展的相关政策梳理如表 1.1 所示。

表 1.1 有关北京高精尖产业发展的相关政策梳理

印发部门	文件	政策摘要
中共中央、国务院	《京津冀协同发展规划纲要》	2015 年 6 月发布，确定了"功能互补、区域联动、轴向集聚、节点支撑"的布局思路，描绘了京津冀协同发展的宏伟蓝图，开启了京津冀三省市发展新的历史篇章。要坚持协同发展、重点突破、深化改革、有序推进。要严控增量、疏解存量、疏堵结合调控北京市人口规模。要大力促进创新驱动发展，增强资源能源保障能力，统筹社会事业发展，扩大对内对外开放。要加快破除体制机制障碍，推动要素市场一体化，构建京津冀协同发展的体制机制，加快公共服务一体化改革
北京市人民政府	《中国制造 2025 北京行动纲要》	2015 年 12 月发布，提出要大力发展生产性服务业，以工业设计、产品检测认证、标准创制和垂直领域电子商务为重点，建设一批生产性服务业公共平台。利用腾退出的工业厂房，建设生产性服务业示范功能区，形成生产性服务业集聚发展态势
北京市人民政府	《北京市"十四五"时期高精尖产业发展规划》	2021 年 8 月发布，提出到 2025 年，北京高精尖产业增加值占地区生产总值比重将达到 30% 以上，万亿级产业集群数量 4 到 5 个，制造业增加值占地区生产总值 13%、力争 15%，软件和信息服务业营收 3 万亿元，新增规模以上先进制造业企业数量达到 500 个
北京市人民政府	《北京市关于促进高精尖产业投资推进制造业高端智能绿色发展的若干措施》	2021 年 9 月发布，鼓励投资高精尖产业，建立重大项目统筹协调机制，建设产业投资大数据服务平台，项目管家服务机制。对总投资 1 亿元以上或具有全局性、战略性的项目，探索实施"首谈制"。开展企业投资项目"承诺制"，提升产业用地保障能力，支持项目承载空间建设和提升，加大普惠性产业资金支持力度，支持精准导入产业链强链补链项目

续表

印发部门	文件	政策摘要
北京市丰台区人民政府	《"十四五"时期中关村科技园区丰台园发展建设规划》	2022年2月发布，提出要深入实施创新驱动发展战略，聚焦服务首都"四个中心"的功能定位，落实新版北京城市总体规划的要求，加快构建高精尖经济结构，提升中关村丰台科技园科技创新能力，支持规模优势企业发展，综合高贡献率企业发展，科技型企业开展研发活动，支持科技创新服务平台的建设，支持企业加强知识产权和标准化工作，支持各类创新型创业服务机构发展，创新人才服务平台建设，支持企业开展技术合同登记，支持上市主体到园区落地发展，设立创新引导基金
北京市经济和信息化局	《2022年北京市高精尖产业发展资金实施指南》	2022年7月发布，要求同一企业原则上可在支持高精尖产业高端智能绿色发展、着力保持高精尖产业平稳发展方向中各申报一个项目，原则上只支持一项，各企业申报项目经核实达标后给予支持；关于产业链、供应链协同奖励新增产业领域，在已发布集成电路、新能源及智能网联汽车、氢能与燃料电池、智能制造与装备、医药健康5个产业领域基础上，新增新一代信息技术、绿色能源与节能环保等产业领域
北京经济技术开发区管理委员会	《北京经济技术开发区关于加快产业金融高质量发展的若干措施》	2022年5月发布，提出支持产业金融机构落户、鼓励投资机构聚集发展、促进金融业态发展壮大、支持跨境金融发展、鼓励产业金融机构提高经营能力、支持引进高层次金融人才
中国人民银行营业管理部	《金融服务北京地区科技创新、"专精特新"中小企业健康发展若干措施》	2022年9月印发，要求完善金融与产业部门的常态化会商机制，发挥平台合力提升企业融资便利度，完善科创企业信用信息归集共享；发挥好货币政策工具总量和结构双重功能，创设创新型小微企业贷款支持工具，打造科技信贷产品"电商"模式，开展科创企业首贷户拓展专项行动，引导融资租赁机构提升科创企业服务能力，拓展融资渠道和提升跨境业务便利

续表

印发部门	文件	政策摘要
中共北京市委、北京市人民政府	《首都标准化发展纲要2035》	2022年10月印发，提出要深化标准化改革，推动标准供给向政府和市场并重转变，巩固首都标准化发展的资源和政策优势。加强工作统筹协调，推动标准运用向经济社会全域转变，健全首都标准体系，强化首都标准化委员会统筹协调作用。深化科技创新引领，推动标准化发展向质量效益型转变，同步部署技术研发、标准研制与产业推广。持续提升国际影响力，推动标准化工作向国内相互促进转变，坚持全球视野，优化国际标准化合作交流环境，促进标准制度型开放

第二节　高精尖产业十大产业

一、两大国际引领支柱产业

两大国际引领支柱产业是指新一代信息技术产业和医药健康产业。下文将对这两大产业进行详细介绍。

1. 新一代信息技术产业

新一代信息技术主要聚集于人工智能领域、先进通信网络领域、超高清视频和新型显示领域、网络安全和信创领域、北斗技术领域和虚拟现实领域。北京将以聚焦前沿、促进融合为重点，突出高端领域、关键环节的新一代信息技术优质品牌企业和特色产业集群，重点布局在海淀区、朝阳区、北京经济技术开发区。

（1）在人工智能领域，依托北京智源人工智能研究院等新型研发机构，建设我国首个人工智能治理公共服务平台。通过平台支持、核心算法、硬件制造、终端产业应用等方面覆盖各个产业链环节。具有核心竞争力的代表性企业包括百度、寒武纪、地平线、第四范式、商汤、字节跳动等。

（2）在先进通信网络领域，北京一直保持着良好的发展态势。北京拥有优秀的教育资源，高校众多，人才基础牢固。在137所开设信息与通信工程专业的大学排名报告中，北京有11所高校上榜，北京地区拥有实力雄厚的通信专业人才。在先进通信网络领域中，随着5G时代的到来以及5G的快速发展，2020年7月北京主城区基本实现了5G信号的覆盖。到2022年，北京市科研单位和企业在5G国际标准中的基本专利拥有量占比5%以上，成为5G技术标准重要贡献者，接下来重点突破6 GHz以上中高频元器件规模生产关键技术和工艺。先进的通信网络企业包括中国联通、中国电信、中国移动、中国通信、中兴通讯、中国铁塔、中国铁路、烽火通信等。

（3）在超高清视频和新型显示领域，海淀中关村科技城、大兴新媒体产业基地、北京经济技术开发区等区域相继加快北京超高清视频制作技术协同创新平台、北京超高清电视应用创新实验室建设。以北京市各影视产业基地为依托，打造国内最大的超高清影视拍摄中心、影视后期制作中心、视听节目创作基地和影视制作机构集聚中心。代表企业包括北京京东方集团、联想集团、北京新奥特集团有限公司等。由视频工业领域排名前列的公司出资组建的商业实体——中联合超高清协同技术中心有限公司，是全球领先的集8K设计研发、集成、录制、制作、转播、内容生产在内的4K/8K超高清视频产业头部企业。中联合超高清协同技术中心有限公司拥有全球第一台5G+8K超高清转播车，并建有全球领先的8K技术测试验证平台。

（4）在网络安全和信创领域，以国家网络安全产业园为载体，在海淀区、北京经济技术开发区、通州区集聚很多龙头企业。代表企业包括云智慧、北京奇安信科技有限公司、北京天融信科技股份有限公司、北京奇虎科技有限公司等。

（5）在北斗技术领域，北京抓住技术发展的重大机遇，充分发挥北京市北斗产业龙头企业和顶级专家优势，集聚智力，打造北斗时空领域的具有全球影响力的国家级智库。代表企业和机构包括中国科学院、中国空间技术研究院、中国运载火箭技术研究院、中国航天科技集团有限公司、中国兵器工业集团有限公司、中国卫星导航定位协会等。

（6）在虚拟现实领域，北京重点布局石景山中关村虚拟现实产业园，做优做强"虚拟现实+"产业。其中，代表性企业包括百度、爱奇艺、联想新视界、金山云、北京凌宇智控科技有限公司、中国动漫集团有限公司等。

2. 医药健康产业

在医药健康领域，主要发力于创新药、新器械、新健康服务三大方向，在新型疫苗、下一代抗体药物、细胞和基因治疗、国产高端医疗设备方面构筑领先优势，推动医药制造与健康服务并行发展。北部地区重点布局昌平区、海淀区，南部地区重点布局大兴区、北京经济技术开发区，力争到2025年医药健康产业实现营业收入1万亿元，其中医药制造达到4 000亿元。

（1）创新药。以MAH制度（药品上市许可持有人制度）全面实施为契机，完善CRO（合同研究组织）、CMO/CDMO（合同生产组织、合同研发生产组织）等平台服务体系，推动重点品种新药产业化。推进多联多价疫苗和新型疫苗研发及产业化，布局应对突发性传染病的疫苗研发生产体系；建设抗体药物产业化平台，支持抗体药物新靶点和新适应证的产品开发，布局新兴抗体药物研制；搭建基因编辑平台，加快间充质干细胞、CAR-T（嵌合抗原受体T细胞治疗）、溶瘤病毒产品、非病毒载体基因治疗产品研制；加速研发治疗恶性肿瘤、心血管病等重大疾病的创新药，发展首仿药和高端仿制药；持续推进中医药经典名方、制剂工艺和新剂型开发；支持特殊人群临床短缺药物、高端制剂和给药系统的研发及产业化；推动疫苗新品种产业化生产基地、大分子抗体药物生产基地、大分子生物药CDMO平台等重大项目建设。

（2）新器械。聚焦高值耗材、高端医疗影像设备、体外诊断、生命科学检测仪等领域培育一批国产标杆产品。支持生物可吸收支架、心脏起搏器、骨科材料、神经及软组织功能修复材料等高值耗材研发；发展以超导磁共振为代表的高端影像设备，鼓励填补国内空白的创新影像设备产业化，推动磁共振成像、数字平板放射成像系统、数字减影血管造影X线机、口腔锥束CT系统（断层扫描系统）等升级换代，搭建医学影像大数据云平台，研制手术机器人等创新产品；推动即时检验系统等体外诊断产品及试剂升级换代，加强体外诊断设备、检测试剂和数据分析系统的整合创新；支持发展高通量基因测序仪、新型分子诊断仪器等生命科学检测仪。

（3）新健康服务。推动医工交叉创新融合发展，建设集"医教研产用"于一体的生命科技创新平台型医院；发展互联网医疗，"智能+"健康管理、医疗人工智能、数字化中医诊疗等服务业态；率先推动应用5G、人工智能的心脑血管重大疾病防控、智能可穿戴监测、急救诊断、辅助诊断等场景落地；培育美丽健康产业，支持医药健康创新技术向个性化美容健康领域延伸。

二、四个特色优势的"北京智造"产业

四个特色优势的"北京智造"产业包括：集成电路产业、智能网联汽车产业、智能制造与装备产业、绿色能源与节能环保产业。

1. 集成电路产业

集成电路产业流程是 IC 设计公司根据下游客户（系统厂商）的需求设计芯片，交给晶圆代工厂制造，完成后的晶圆再送往下游的 IC 封装测试厂进行封装测试，最终将性能良好的 IC 产品出售给系统厂商。集成电路的设计环节主要分为逻辑设计、电路设计、图形设计三个阶段，设计完成后进行电路布局来制备光罩，这个过程中不涉及设备；半导体制造可以细分为前道和后道两个工艺步骤，前道工艺是将硅材料加工制造成晶圆片，通过光刻机曝光等多道工序将 IC 设计图案加载到晶圆上，制成集成电路；后道工艺是将载有集成电路的晶圆分割成基本单元，通过封装、测试后制成最终的集成电路产品。

在集成电路产业领域中，北京是国内主要的集成电路产业聚集区和策源地，目前聚集了 100 余家优秀的集成电路设计企业，12 英寸芯片代工产能占全国一半以上，拥有国内规模最大、产品种类最多的集成电路装备企业，众多系统整机与信息服务企业为集成电路产品提供了丰富的应用场景。"十四五"时期，北京将以自主突破、协同发展为重点，重点布局北京经济技术开发区、海淀区、顺义区，构建集设计、制造、装备和材料于一体的集成电路产业创新高地，打造具有国际竞争力的产业集群；以自主突破、协同发展为重点，构建集设计、制造、装备和材料于一体的集成电路产业创新高地。北京的竞争优势集中于设计环节，同时聚集了清华大学、北京大学等知名高校，中科院半导体所、中科院微电子所、中科院计算技术研究所、中科院自动化研究院等一系列国家高端科技研发机构。其中，代表性企业包括中芯国际、紫光国威、方舟科技、兆易创新等。在集成电路制造和装备过程中，建成了以北京经济技术开发区、顺义区为核心的先进特色工艺、微机电工艺和化合物半导体制造工艺等生产线。

2. 智能网联汽车产业

智能网联汽车是指车联网与智能车的有机联合。智能网联车是指搭载先进的

车载传感器、控制器、执行器等装置，并融合现代通信、网络与人工智能技术，实现车与车、车与路、车与行人及互联网智能信息交换、共享，具备复杂环境感知、智能决策、协同控制等功能，可实现替代并最终超越人工驾驶的新一代汽车；根据中国物联网校企联盟的定义，车联网是由车辆位置、速度和路线等信息构成的巨大交互网络，是物联网、智能交通、车辆信息服务、云计算和汽车电子技术相结合的产物，无人驾驶、人机交互、智能语音识别等都是车联网的体现。

智能网联汽车是北京市高精尖产业的重点发展方向之一。北京市在管理政策创新、道路开放里程、产业生态建设等方面均走在全国前列。随着国家新基建推进和国务院对北京市建设国家服务业扩大开放综合示范区的正式批复，北京市拟在前期领先的工作基础上，瞄准 L4 级以上高级别自动驾驶车辆规模化运行，统筹"车、路、云、网、图"等各类优质要素资源，规划建设高级别自动驾驶示范区。在智能网联汽车产业，坚持网联式自动驾驶技术路线，推动车端智能、路端智慧和出行革命，加速传统汽车智能化网联化转型；聚焦发展智能网联汽车整车、智能网联设施和关键部件、智慧出行服务等方向。重点布局北京经济技术开发区和顺义、房山等区，培育完备的"网状生态"体系，持续扩大高端整车及配套零部件制造集群规模，建设世界级的智能网联汽车科技创新策源地和产业孵化基地。智能网联汽车行业目前处于研发测试阶段，在技术上还有一定的不确定性和进步空间，还需行业、企业继续发力。百度、千方科技、长城汽车、北汽新能源、萝卜运力等一批从事智能驾驶业务的高科技公司均聚集在北京，同时，北京设立首个智能网联汽车政策先行区，也是获得自动驾驶测试牌照数量最多的城市。

3. 智能制造与装备产业

智能制造装备是指具有感知、分析、推理、决策、控制功能的制造装备，它是先进制造技术、信息技术和智能技术的集成和深度融合。在智能制造与装备领域，北京以"优品智造"为主攻方向，全面增强装备的自主可控、软硬一体、智能制造、基础配套和服务增值能力，以装备的智能化、高端化带动北京制造业整体转型升级。重点布局北京经济技术开发区和昌平、房山等区，力争到 2025 年智能制造与装备产业实现营业收入 1 万亿元，其中智能装备部分达到 3 000 亿元。

（1）在智能机器人与自动化成套装备方面，北京在人型机器人、操作系统形式化验证等机器人核心关键技术领域达到了世界先进水平，在特种机器人、医疗健康服务机器人等领域处于国内领先水平，已初步建立了较为完整的智能机器人从研发到生产的创新链。北京市科学技术委员会联合相关部门共同研究全市智能机器人科技创新与成果转化工作的重大问题，并充分发挥企业、高等学校、科研所及产业技术创新联盟等各类创新主体的作用。代表性企业包括人加智能机器人技术（北京）有限公司、北京臻迪科技股份有限公司等。

（2）在智能专用设备方面，北京重点布局昌平能源谷、怀柔高端科学仪器和传感器产业基地、房山高端制造业基地、北京经济技术开发区等区域。代表性企业包括中国联合装备集团有限公司、北京长城电子装备有限责任公司等。

（3）在智能制造系统解决方案领域，北京鼓励行业设计院所培育一批专业性强、行业特色鲜明、世界一流的系统解决方案供应商，包括北京诚益通控制工程科技股份有限公司、中国软件等。

（4）在智能终端领域，北京鼓励新型智能终端的原创设计与开发，促进产业链协作，支持企业从单一产品向多样化产品生态圈拓展，重点布局海淀中关村科学城、北京经济技术开发区、昌平未来科学城等区域。代表性企业包括宏通万达智能科技有限公司、迅为电子技术有限公司等。

（5）在航空航天领域，北京发挥央企主力军作用，激发民企创新活力，重点布局顺义、大兴、丰台、海淀等区。代表性机构和企业包括中国运载火箭技术研究院、北京航天测控技术开发公司等。

（6）在轨道交通领域，北京同样聚集很多核心企业，包括中铁快运股份有限公司、北京地铁、京港地铁等。

4. 绿色能源与节能环保产业

绿色能源也称清洁能源，可分为广义和狭义两种概念。狭义绿色能源是指在使用过程中对环境不产生任何污染的能源；广义绿色能源是指在使用过程中造成环境污染程度较小的能源。倡导节能环保，节约现有能源消耗量，提倡环保新能源开发，造福社会。

在绿色能源与节能环保领域，北京在"十四五"时期将以推动绿色低碳发展、加速实现碳中和为目标，以智慧能源为方向，以氢能全链条创新为突破，推进新能源技术装备产业化，着力发展氢能源、智能电网和先进储能、绿色制造系统解决方案、智慧化节能环保综合服务等领域，打造绿色智慧能源产业集群。北京绿色智慧能源产业集群重点布局昌平、房山、大兴等区，力争到2025年绿色能源与节能环保产业实现营业收入5 500亿元。

（1）在氢能源方面，北京重点布局昌平能源谷、中关村房山园和大兴国际氢能示范区。北部地区全面布局氢能产业科技创新应用，南部地区打造氢能高端装备制造与应用，统筹推进京津冀区域氢能供应、整车制造和应用示范，实现氢能制、储、运、加、用全产业链布局。

（2）在智能电网和先进储能方面，支持能源技术与新一代信息技术融合，重点布局在昌平能源谷、房山高端制造业基地、怀柔科学城中心等区域。同时，北京支持绿色制造系统解决方案供应商开展产品绿色设计与制造一体化，并培育智慧化节能环保综合服务商。

（3）在绿色能源与节能环保领域，代表性企业机构包括中国节能环保集团有限公司、北京市环境保护科学研究院、北京石墨烯研究院、北京华夏环保产业有限公司等。

三、四个创新链接的"北京服务"产业

四个创新链接的"北京服务"产业包括：区域链与先进计算产业、科技服务产业、智慧城市产业、信息内容消费产业。

1. 区块链与先进计算产业

区块链与先进计算领域，主要包括算力、算法、算据三方面。北京着重发展先进计算专用芯片等算力新器件，强化智能算法体系结构，提升算据字节量。其中，重点布局海淀、朝阳等区，代表性企业包括北京云知科技有限公司、北京京东金融科技控股有限公司等。除了代表性企业，很多"大厂"也进入区块链领域，包括京东区块链BaaS平台、百度超级链、金山云KBaaS等。聚焦算力、算法、算据三大领域，发展先进计算专用芯片等算力新器件，强化智能算法体系结构，提升算据字节量，重点布局海淀、朝阳等区，支持区块链与先进计算和工业互联网、车联网、电子商务、人工智能等领域融合应用，力争到2025年区块链与先进计算产业实现营业收入超过6 000亿元。

（1）先进计算系统。围绕计算芯片架构设计、创新发展处理器及系统级仿真器，升级人工智能框架、芯片、工具集的性能，搭建硬件仿真、建模和测试平台，促进产品算力、算法处理速度和精度提升，建设先进计算专用服务器产业化基地；建设基于专用超高速区块链芯片的区块链算力平台、人工智能算力中心、通用智能系统平台等新型算力平台，形成全面智能的计算服务，推动算力技术和服务相关企业聚集。

（2）区块链开源平台。充分发挥北京微芯区块链与边缘计算研究院等新型研发机构作用，构建并完善长安链软硬件技术体系，围绕区块链高性能、安全性、隐私保护、可扩展性等方向，支持共识机制、分布式存储、跨链协议、智能合约等技术迭代；建设长安链开源底层技术平台以及基于 RISC-V（第五代精简指令集）的区块链专用芯片、模组、硬件和长安链技术体系；建设区块链支撑服务 BaaS 平台（区块链即服务平台）、统一数字身份等关键基础性数字化平台，形成赋能数字经济和数字政府的区块链应用方案。

（3）区块链应用。全市范围布局区块链全场景建设，聚焦政务服务、金融服务等重点领域，推动电子签章、城市码、碳交易、供应链金融、跨境贸易等典型应用场景落地；引导更多企业通过参与区块链应用场景建设持续打磨技术，开展更大范围推广应用，培育形成一批全国领先的"区块链+"企业，构建区块链一体化产业链体系；推进长安链生态联盟建设，推动"产学研用"相关主体协同创新，形成更大范围的区块链产业开放生态。

2. 科技服务产业

在科技服务领域，北京市重点布局"三城一区"、城市副中心，形成五个以上定位清晰、布局合理、协同发展的产业聚集区，培育了一批行业龙头企业，形成一批科技服务新业态、新模式，塑造北京科技服务品牌，力争到 2025 年科技服务业实现营业收入超过 1.25 万亿元。其中，"三城一区"所在的海淀、昌平、大兴、怀柔四个区的科技服务业机构数量稳步增加，2019 年该数量达 39.5 万个，占全部科技服务业一半以上。作为中关村国家自主创新示范区核心的海淀区，科技服务业机构总量和新设数量分别为 17.2 万个和 1.7 万个，位居全市首位。同时，北京在未来科学城、怀柔科学城培育研发服务、设计服务、知识产权、检验检测、科技咨询、科技金融等科技服务机构，具有代表性的科技服务业机构包括中科院科技服务有限公司、中关村科技创业金融服务集团有限公司、启迪科技服务有限公司、北京紫光科技服务集团有限公司等。

3. 智慧城市产业

在智慧城市领域，北京将从底层通用技术、城市感知体系建设、城市数据融合服务、城市运营开放平台四个方面，不断推动智慧城市产业发展，在北京全域打造智慧城市应用场景，鼓励全域场景创新，吸引各行业、各领域新技术在京孵化、开展应用，加速形成创新生态，带动相关产业在京落地发展，力争到2025年，智慧城市产业实现营业收入3 500亿元，带动上下游产业接近万亿元，打造30个以上可复制、可推广的标杆工程，培育多家千亿市值企业，包括腾讯云计算（北京）有限责任公司、北京易华录信息技术古风有限公司、北控智慧城市科技发展有限公司等。

（1）底层通用技术。加强与行业领军企业对接合作，重点突破操作系统、智能感知系统、隐私计算等薄弱环节。探索建设空间计算操作系统平台，支撑数字化、智能化应用场景，探索用软件定义和驱动物理世界；建设未来智能系统平台，融合行业数据集、国际领先算法模型以及大规模算力等资源要素，提供底层通用的人工智能技术创新服务；建设隐私计算基础平台，打通"数道""链道"，形成多域协同、自主可控、安全隐私的可信智能计算基础环境。

（2）城市感知体系建设。建设综合多种传感器的城市感知网络，带动传感器等感知终端以及相关通用光电器件等感知设备发展。建立全市感知终端"一套台账"，强化各部门、各类型感知终端统筹管理；推进智慧杆塔等感知底座组网建设，实现多种设备和传感器"一杆多感"综合承载；建设全市统一的感知管理服务平台，实现感知数据共享和应用；提升城市感知的智能监测和边缘计算能力，提升城市感知大数据融合分析效率；重点加强对交通状况、自然资源、生态环境、城市部件等要素的实时感知，建立动态城市画像，形成全网共享、全时可用、全程可控的一体化智能交互能力，支撑城市精细化管理和精准服务；依托城市码推进"人""企""物"城市基础感知数据的融合关联和共享，构建万物互联的感知体系。

（3）城市数据融合服务。深化数据专区对金融科技、公共服务等重点领域的数据供给，推动向企业、科研院所和公众开放数据，培育数据交易市场和生态，吸引和培育中小企业集群化发展。

（4）城市运营开放平台。开放交通、市政、医疗、教育等领域应用场景，鼓励优质企业参与场景建设，利用"大场景"开放培育"大产业"；推进智慧城市实验室等平台建设，为企业、科研院所提供数据和基础设施，基于开放场景进行新技术研发和产品设计，建立创新产品、方案与场景对接机制，快速将创新成果转化成实际应用，在智慧交通、智慧应急、智慧社区、智慧家居、智慧教育、智慧康养等领域孕育一批智慧城市运营商，构建服务公众智慧生活的创新生态系统。

4. 信息内容消费产业

在信息内容消费领域，以国际消费中心城市建设和全国首批综合型信息消费示范城市建设为契机，以数字赋能消费创新发展为主线，促进"文化+科技"深度融合发展，加大数字化智能化产品和服务创新，增加消费新供给。重点布局海淀区、朝阳区、石景山区、通州区，着力推动北京市龙头企业进入国内互联网行业第一梯队，力争到2025年信息内容消费产业实现营业收入超过5 000亿元。

（1）原创精品游戏与世界级电竞平台。聚焦北京市精品游戏研发基地、北京网络游戏新技术应用中心等载体，搭建3D互动原创游戏创作平台、新技术游戏设计研发服务平台，鼓励游戏引擎、游戏设计等核心技术自主研发，利用人机交互、全息成像、虚拟现实等创新技术推出精品游戏；推动游戏知识产权向影视、动漫、体育赛事等延伸应用，开展游戏知识产权主题的信息消费体验活动；建设电子竞技软件服务平台和虚拟现实电竞体验中心，推动海淀、石景山等区搭建电竞产业高端发展平台，举办具有国际影响力的顶级电竞赛事。

（2）信息消费体验服务。利用人工智能、人机交互等技术建设信息内容消费载体，建设5个信息消费体验中心，积极推动传统购物中心和商业综合体的数字化改造升级，支持应用VR/AR的信息消费体验活动。

第三节　高精尖产业发展趋势

一、高精尖产业总产值

北京高精尖产业主要分为战略性新兴产业和高新技术产业，本文分别从这两大产业出发来研究北京高精尖产业的发展现状以及趋势变化特征。2020年，战略性新兴产业规模以上工业总产值达到5 794.73亿元，占北京地区GDP的16.05%。高新技术产业规模以上工业总产值达到5 128.94亿元，占北京地区GDP的14.21%，如图1.1和图1.2所示。

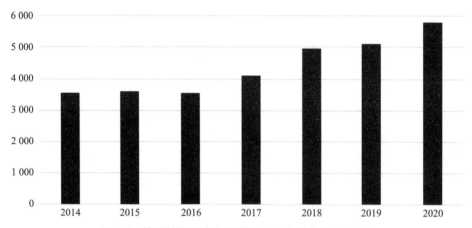

图1.1 战略性新兴产业规模以上工业总产值（亿元）

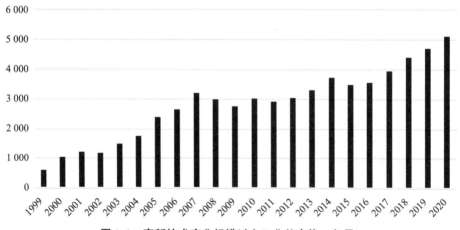

图1.2 高新技术产业规模以上工业总产值（亿元）

由图1.1和图1.2可知，战略性新兴产业工业总产值和高新技术产业工业总产值都呈现上升趋势；战略性新兴产业从2014年工业生产总值3 534.76亿元上升到2020年的5 794.73亿元，高新技术产业工业生产总值由1999年的610.8亿元上升到2020年的5 128.94亿元。

二、高精尖产业结构

本文将战略性新兴产业和高新技术产业细化为不同行业,研究各个行业的发展情况,进一步得出战略性新兴产业和高新技术产业结构的变化,如图 1.3 和图 1.4 所示,各产业总产值总体上都呈现上升趋势。2020 年新一代信息技术产业工业总产值为 2 345.39 亿元,生物产业总产值为 1 540.26 亿元,高端装备制造业总产值为 788.37 亿元,分别占到战略性新兴产业总产值的 39.68%、26.06% 和 13.34%。其中值得注意的是,在 2016 年《"十三五"国家战略性新兴产业发展规划》明确了数字创意产业作为国家战略性新兴产业之一的关键性地位,其总产值在 2018 年达到峰值,数字创意产业发展时间较短,在战略性新兴产业总产值中仅占 2.18%。

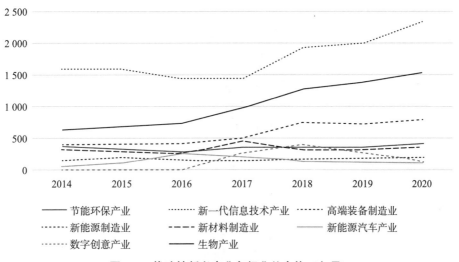

图 1.3 战略性新兴产业各行业总产值(亿元)

在高新技术产业领域,电子及通信设备制造业一直处于领先地位。2020 年,电子及通信设备制造业工业总产值为 2 652.78 亿元,占高新技术总产值的 51.72%;医药制造业工业增速最快,总产值达到 1 313.89 亿元,占高新技术产业总产值的 25.62%;医疗仪器设备以及仪器仪表制造业工业总产值为 531.36 亿元,占高新技术总产值的 10.36%;相较于其他行业,信息化学品制造业一直处于低迷状态,总产值仅为 0.2 亿元。战略性新兴产业中各行业占比及高新技术产业各行业占比如图 1.5 和图 1.6 所示。

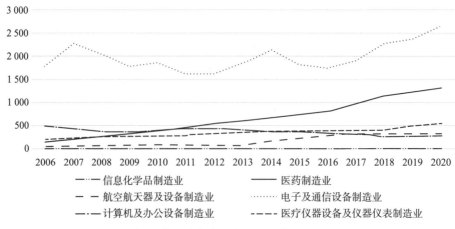

图 1.4　高新技术产业各行业总产值（亿元）

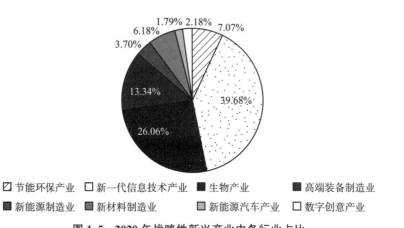

图 1.5　2020 年战略性新兴产业中各行业占比

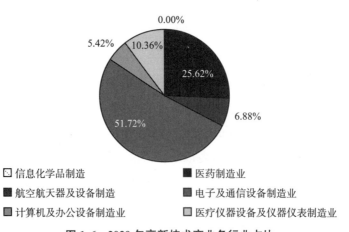

图 1.6　2020 年高新技术产业各行业占比

总体上看，北京高精尖产业发展增速要高于经济增速，并且新一代信息技术产业、医药制造业、电子及通信设备制造业、生物产业发展速度最快。

第四节　高精尖产业发展现状

一、高精尖产业利润总额

首先从高精尖产业的收益入手来探究高精尖产业的发展，在图1.7中可以看出，高新技术制造业在2011—2020年的利润总额呈现上升趋势，由2011年的229.27亿元增加到2020年的554.39亿元。

图1.7　规模以上工业企业利润总额高新技术制造业（亿元）

对高新技术产业进一步细分，以医疗仪器设备及仪器仪表制造业、信息化学品制造业、计算机及办公设备制造业、航空航天及设备制造业、电子及通信设备制造业为例研究各行业营业收入随时间的变化趋势。由图1.8中可知，上述行业的营业收入基本上稳步抬升。其中电子及通信设备制造业营业收入最高，由2018年2 960.18亿元上升到2020年3 794.51亿元，同比增长28.19%，表明各行业中电子及通信设备制造业收入最多，并且收入增长也最快；医药制造业营收增速位列第二，营业收入从2018年的1 153.09亿元上升到2020年的1 344.21亿元，同比增长16.57%；其他行业的营业收入相较于前两个行业增速缓慢。综上所述，上述各行业营业收入均呈现上升趋势，其中电子及通信设备制造业和医药制造业的营业收入最高，电子及通信设备制造业增长速度最快。

二、高精尖产业R&D投入

北京市为高精尖产业发展提供了各类扶持政策，重点投资医药健康、新一代

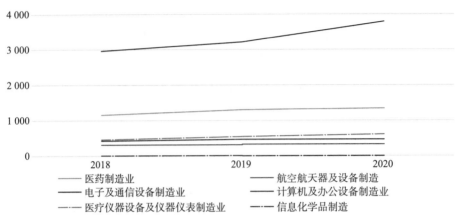

图 1.8　各行业企业营业收入（亿元）

信息技术产业、技术创新等产业来促进高精尖产业的发展。高精尖产业的 R&D 经费逐年稳步提升。以高新技术产业为例，高新技术产业 R&D 经费由 2012 年 92.22 亿元上升到 2020 年的 157.97 亿元，稳步上升，如图 1.9 所示。

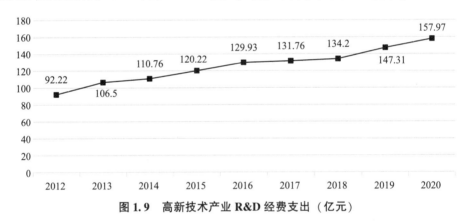

图 1.9　高新技术产业 R&D 经费支出（亿元）

从图 1.10 中可以看出，电子及通信设备制造业 R&D 经费支出要远高于其他行业，由 2013 年 39.39 亿元增加到 2020 年 65.68 亿元。通过对医药制造业、化学药品制造业、生物药品制品制造业、医疗仪器设备及器械制造业、医疗仪器设备及仪器仪表制造业的研究，发现医药整体行业是呈现波动式增长的，R&D 经费支出也是不断增加的。值得关注的是，计算机及办公设备制造业 R&D 经费支出在逐年减少。根据各行业 R&D 经费支出的总体趋势，可以得出结论，北京高精尖产业越来越注重技术的创新，R&D 经费支出也在逐年增加。

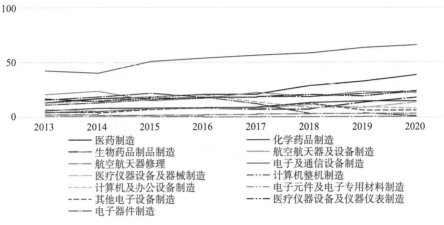

图 1.10　各行业 R&D 经费支出（亿元）

三、高精尖产业创新成果

接下来考察高新技术产业的专利申请数量和发明专利的申请数量。从 2009 年到 2020 年，高精尖产业的专利申请数量和发明专利申请数量呈 U 型趋势，在 2016 年达到最低值分别为 6 775 件和 4 114 件。2020 年高新技术产业专利申请数量为 11 324 件，发明专利申请数为 7 180 件，同比增长了 17.7% 和 13.4%。此外，专利申请数量和发明专利申请数量的变化趋势较为相似。专利申请数量和发明专利申请数量占比不断增加，说明高精尖产业的创新能力不断提高，创新成果也逐年增加，如图 1.11 至图 1.14 所示。

通过观察各行业的专利申请数量，电子及通信设备制造业专利申请数量总体上是上升的，并且该行业专利申请数量最多，具体为 2012 年 5 529 件，2015 年达到专利申请数量最低值为 2 549 件，到 2020 年回升到 5 196 件。医疗仪器设备及仪器仪表制造业、航空航天器以及设备制造业、医药制造业专利申请数都是逐渐增加的，2020 年专利申请数分别为 2 626 件、843 件、1 044 件，同比增长了 29.74%、13.00%、24.71%。计算机及办公设备制造业的专利申请数呈下降趋势，2020 年为 1 615 件，同比降低了 21.98%，如图 1.15 和图 1.16 所示。

在各行业专利申请数量和发明专利占比中，电子及通信设备制造业和计算机及办公设备制造业占比最大，但计算机及办公设备制造业的占比在逐年减小，说明该行业整体竞争力在不断降低；电子及通信设备制造业的新增专利所占比重最大，并且是先增后降的，说明该行业专利申请数和发明专利申请数增长数量最

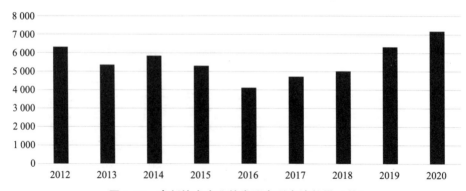

图 1.11　高新技术产业的发明专利申请数量（件）

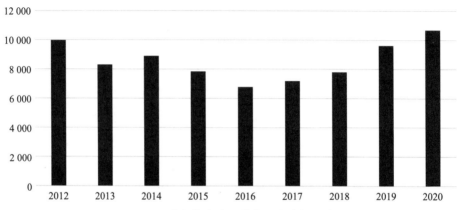

图 1.12　高新技术产业的专利申请数（件）

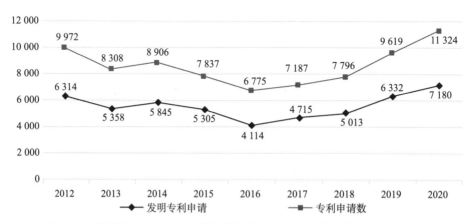

图 1.13　高新技术产业专利申请数量和发明专利申请数量的变化趋势（件）

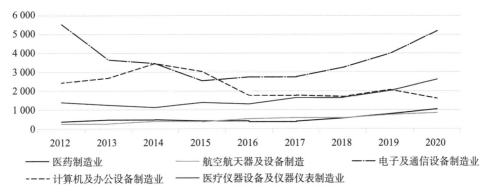

图 1.14 高新技术产业各行业专利申请数量（件）

多，增加速度也是最大的；医疗仪器设备及仪器仪表制造、医药制造业的占比在逐年增加，也进一步说明这两行业的竞争力也不断增大。

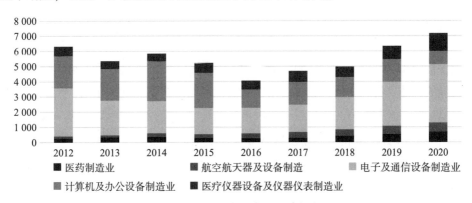

图 1.15 各行业发明专利申请数占比

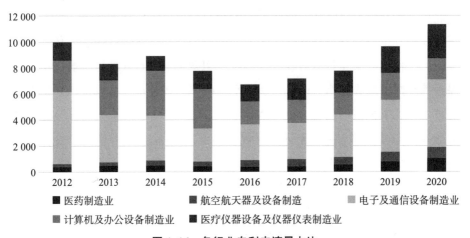

图 1.16 各行业专利申请量占比

第五节　高精尖产业发展现存问题

尽管北京市高精尖产业发展迅速，取得了很多瞩目的成就，但仍然存在很多不足。

一、高精尖产业体系分布不均衡

在人工智能、集成电路、节能环保等多个领域均呈现出各层级企业数量不足、分布不均的状况，企业梯次和孵化培养机制尚未形成。以人工智能领域为例，北京市人工智能领域有 2 940 家企业，其中海淀区企业数量占总量的 51.43%，朝阳区占17.38%，昌平区占 4.25%，大兴区占 4.22%，丰台区占 3.30%，石景山区占3.27%等，从数据可以看出，海淀区的企业数量占北京市人工智能企业数量的一半以上，其余 15 个区的企业数量均占很少数，因此在人工智能方面，确实存在不平衡发展的问题。针对上述问题，各个主管部门陆续发布了《北京市高精尖产业十项指导意见》《赋予科研人员职务科技成果所有权或长期使用权试点实施方案》《关于征集 2020 年北京高精尖产业发展基金合作机构的通知》等文件，北京的"五新一保"政策进一步明确了高精尖产业新技术发展的必要性。在总体上来看，虽然已经有许多政策举措在分布不均匀方面做出了清晰的指导，但是对于如何解决这些问题仍然缺乏具体的实施措施。

北京对各区以及重点产业园区的十大产业均提出了布局的具体规划，但在如何打造高精尖企业的环境和各层级企业均衡发展方面仍然需要进一步的指导。具体来说，在科研成果转化方面并没有涉及应用型技术项目立项以及高精尖人才资金保障等举措。造成高精尖产业发展不平衡的原因还包括，高精尖产业对社会资本的进入设置了很高的门槛，从《关于征集 2020 年北京高精尖产业基金合作机构的通知》来看，参与基金累计投资规模不低于 10 亿元、并购子基金规模不低于 5 亿元、股权子基金规模不低于 2 亿元、单个出资人出资额不低于 1 000 万元。

二、科研成果转化效率低

到 2022 年，我国对于科研成果转化率并没有明确的统计标准，如果以专利转化率作为衡量科研成果转化效率的指标,则我国的科研成果转化率仅为6%,比起发达国家科研成果转化率50%的水平有很大差距。我国非常重视科技创新,对于北京高精尖产业投入了大量的政府基金和科研经费,但是由于缺乏政策的指导,导致大量资金并没有得到有效分配,对产品应用课题的关注度和科研经费投入比例也远远不足。

北京高精尖产业科研成果转化效率低,主要从政策法规和制度创新两方面来分析。首先,科研成果转化的前提是产学研一体化的充分结合,其中整个体系建设的重中之重就是鼓励一线科研人员参与企业科技创新的全过程,我国仍处在制定政策法规,保障科研人员各项权益、调动科研人员积极性的尝试阶段,距离促进科研成果大量、高效转化,实现规模化经济效益还有很大距离,相应的政策还需要进一步完善。其次,长期以来各科研院所以及高等院校一线科研人员将提交研究论文作为首要目标,"抽屉论文""评奖论文"普遍存在,并没有将科研成果赋予实际行动。与高等院校、科研院所的课题数量、论文数量、所投入的科研经费相比,仅有很少量的科研成果能够转化为应用技术和产品。针对上述具体问题,要在应用立项制度方面进行改革创新,努力提升科研成果的转化率,否则科研成果转化不力的局面就会长期存在。

三、掌握高精尖技术的创业创新企业没有良好的生存环境以及充足的发展空间

我国数十万家科技创业企业是高精尖产业体系中最具活力及成长性的创新群体,是高精尖产业的基础力量和生力军,是技术创新、产品创新的绝对数量拥有者,同时也是创新型人才的聚集地,这个群体完成了65%以上的发明专利、80%以上的新产品创作、80%以上的新技术开发,但是各地方对这个群体的重视程度与高精尖产业的发展战略并不匹配。

2022年北京市累计认定"专精特新"中小企业5 360家,它们在促进国家创新体系建设、产业结构优化、缓解就业压力、实现科技兴国等方面都发挥着越来越重要的作用。中小企业代表的非公有制经济已成为支撑我国经济发展、科技创新、带动就业、市场繁荣和社会稳定的重要基础和力量,但是由于中小企业自身成长和科技产业化工艺技术形成周期长,需要大量的资金投入,长期以来,各个地方都以"企业收入高、研发投入高、产出效率高、技术水平高"为目标筛选

入围企业，将资金、设备等大量资源配置给大型企业集团，使得这些"专精特新"中小企业没有包括资金、设备、市场资源等的有效支持，导致这些中小企业没有良好的生存环境以及充足的发展空间。

四、高精尖产业的发展缺乏与之相匹配的资本规模

高精尖产业的发展需要政府基金引导以及社会资本的积极参与，与十大高精尖产业几万亿的庞大体量相比，北京市现有的百亿级别高精尖产业基金规模难以满足需求。高精尖产业的各类投资机构呈现出发展不均、整体回落的总体态势。以人工智能为例，由于缺乏政府引导、不成熟的投资机构以及缺乏创业积极性，北京近两年资本市场的投资项目数量和金额都呈现出大幅回落的趋势。

政府引导基金对高精尖产业并没有实现与社会资本的有效结合，政府引导基金通常会对出资金额、投资决策、收益考核、投后管理等设置一系列的限制条件，这方面的举措不利于发挥投资机构的专业优势，也没有起到以市场为导向配置资源的作用。

广大的高精尖创新企业普遍面临"贷款难"的问题，尤其是掌握高精尖技术的创业型企业，它们由于成立时间短、抗风险能力弱、还未形成规模化的流水收入，很难向银行提供抵押资产或各种担保，因此基本上申请不到贷款。高精尖技术型企业的核心资产往往不是像其他企业一样的固定资产，而是企业拥有的硬软件技术，但是各大银行还没有建立起主要针对高精尖技术型企业的贷款政策，缺少对于具有前瞻性技术、应用型产品的评估审核体系，业务还没有有效开展。

初创型高精尖技术企业需要得到全方位的融资保障，而我国在投资机构、高效课题经费、政府专项基金、上市公司专项资金等多方面还处在初步尝试阶段，资本结构、评估体系、容错机制等还没有形成。我国高精尖技术企业的资金支持距离支撑高精尖产业蓬勃发展还有很大距离。

五、北京市科技服务业尚不能支撑高精尖产业的国际化定位

北京市科技服务业是高精尖产业发展的支撑，是北京科技创新中心建设的实施主体和重要力量。2019 年，北京市科技服务业机构总量达到 73.7 万个，较上年增长1.6%，占北京市各行业机构总量的40.6%，科技服务业的平稳发展能够为科创中心建设打下坚实基础。总体来看，北京市科技服务业仍处于起步阶段，北京科技服务业从数量和功能上都无法适应现代科技成果产业化的需要，在技术交易活动中存在"轻中介、疑中介、弃中介"的现象。服务功能还远远不能满足科技、经济发展的要求。如果以占领全球科技制高点、形成国际化竞争力为目标，北京市科技服务业的发展尚未提供足够的支撑，孵化投资等功能仅局限在个别产业园区以及部分大型企业的范围内，广大高精尖创业型企业无人问津、大量民间孵化器的陆续关停成为制约高精尖产业发展的主要瓶颈之一。

2018年以前的各类创业创新大赛，以及官方及民间组织举办的各种创业奖项为高精尖技术项目提供了展示平台，但2019—2022年创业环境逐步冷却，投资机构不断退出，创业孵化器陆续关停，二房东以及联合办公模式发展停滞，高精尖技术企业所能获得的支持越来越少，进而拓展市场、开展融资活动的机会也越来越少，此类问题也直接导致了高精尖领域创业者数量的锐减。拓展北京市科技服务业范围，提高北京市科技服务业能力，为高精尖技术人才提供良好的创业环境、打造具有活力和动能的民间高精尖产业孵化器、引导投资机构健康发展仍然是北京市高精尖产业发展过程亟须解决的关键问题。

六、传统大中型企业对高精尖产业的发展未起到带动和支撑的作用

我国大型国企、央企具备充足的资金资源实力，各方面资源丰富，在高精尖产业中应该起到带动和支撑作用，但由于传统大中型企业普遍存在着思维转变难、技术敏感性不足、机制不够灵活等问题，在引入高精尖技术项目、与高精尖技术企业开展合作等方面并没有成为促进传统企业转型、提升科技生产力的有效方式。如果大型企业不积极开展高精尖技术项目引入、缺乏高精尖项目的孵化积极性，不仅会延缓自身的科技转型进度，还会阻碍高精尖产业的长期发展。针对传统大中型公司在高精尖产业未起到积极作用这一现状，我国在2015年发布了《中共中央、国务院关于深化国有企业改革的指导意见》，明确提出通过开展投资融资、产业培育、资本整合推动产业聚集和转型升级，组建以国有资本为主体的投资及运营公司，但到2022年仍然没有在实施上取得重大突破，引导我国大中型企业的转型仍然是亟待解决的问题。

七、高精尖产业引领全国科技创新和带动京津冀协同发展的作用未充分体现

从发展现状来看，北京市高精尖产业在引领全国科技创新和带动京津冀协同发展两方面的作用并没有充分体现出来，高精尖产业对周边经济的带动作用明显不足；从发展战略的角度来看，北京市高精尖产业不仅需要在科技创新、产业融合方面深化发展，更需要在整个京津冀乃至全国进行创新产业集群的布局与统筹。针对此种问题，中共中央、国务院印发《京津冀协同发展规划纲要》，指出要确定"功能互补、区域联动、轴向集聚、节点支撑"的布局的思路。首先，要坚持协同发展、重点突破、深化改革、有序推进，要严控增量、疏解存量、疏堵结合调控北京市人口规模；其次，大力促进创新驱动发展，增强资源能源保障能力，统筹社会事业发展，扩大对内对外开放。这对于高精尖产业引领全国科技创新、落实京津冀协同战略具有重要意义。

第六节 高精尖产业发展总结

在新一轮科技革命和产业变革条件下，新技术、新业态、新产品、新模式不断涌现，成为带动经济发展的新动能。产业技术含量和创新水平普遍提高，以科技创新为核心的全面创新能力已经成为决定国家和区域经济核心竞争力的关键要素。知识、技术和人力资本密集型的高精尖产品、业态、价值链环节已成为产业高端发展的方向。

北京作为我国科技创新中心，创新资源高度集聚，在知识技术资本和人力资本等高端创新资源方面具有我国其他地区不可比拟的优势，为高精尖产业的发展提供了得天独厚的条件。在北京发展创新驱动型的高精尖产业，能够降低创新资源的获得成本和使用成本，具有比较优势。因此，在市场机制作用下，经济可持续发展需求与技术经济演进趋势形成交汇，北京经济和产业发展必然要向高精尖方向转型升级。

北京高精尖产业主要是靠创新驱动的，具体包括新一代信息技术、医药健康、集成电路、智能网联汽车、智能制造与装备、绿色能源与节能环保、区块链与先进计算、科技服务、智慧城市、信息内容消费十大产业。

我国高度重视高精尖产业的发展，出台了一系列的培育和扶持政策，北京市政府 2021 年印发了《北京市"十四五"时期高精尖产业发展规划》，提出了 2025 年主要目标：以高精尖产业为代表的实体经济根基更加稳固，基本形成以智能制造、产业互联网、医药健康等为新支柱的现代产业体系，将集成电路、智能网联汽车、区块链、创新药等打造成为"北京智造""北京服务"的新名片，产业关键核心技术取得重大突破，国产化配套比重进一步提高，生产效率达到国际先进水平，绿色发展更加显著，京津冀产业协同发展和国际产能合作迈向更高层次。党的十九届五中全会提出了 2035 年远景目标：在全国率先实现新型工业化、信息化，基本实现产业治理体系和治理能力现代化，具有首都特点的高精尖产业体系更加成熟，产业综合竞争力位居世界前列，保持与首都经济社会发展阶段相适应的先进制造能力，广泛形成智能、绿色生产方式，产业自主创新能力显著提升，京津冀产业协同发展新格局全面形成。

对具体各行业的研究发现，截至 2020 年，北京高精尖产业总体呈现上升趋势的，具体表现为高新技术产业和战略新兴产业的工业生产总值在逐年增加；产业结构不断优化，高精尖产业增速高于经济增速，在各个行业中新一代信息技术产业的发展速度最快，该行业竞争压力也最大；创新成果不断增加，从 2009—2020 年专利申请数量和发明专利申请数量在不断增加；产业收入不断增多，高新技术制造业利润总额在逐渐升高；R&D 经费支出不断增加，其中电子及通信设备制造业的经费支出要远高于其他行业的经费支出。上述种种现象均已表明北京高精尖产业发展已经有一定基础，不仅规模巨大，而且其产业竞争力非常突出。这本身就是机会，抓住机会，自然可以获得更好发展。当然，高精尖产业发展还需要前瞻性，所以需要不断做好市场调研，做好科研工作与科研成果转化工作，发挥引领全国经济发展的作用。

由于前期准备充足，加上三大科学城本身的科研能力，现在北京高精尖产业发展进入了创新自主化的攻坚期，并不断借助之前的科研成果，大力推动产品市场化、规模化，从而实现产业集群化，为实现北京"十四五"高精尖产业规划提供巨大动力支持。"十四五"时期，要考虑将更多的资源、资金、人才投入到高精尖技术应用领域而非高精尖产品制造领域，更强调高精尖技术企业的孵化而非高精尖产品制造体系的建设，"三城一区"的发展建设更需要着力打造以软实力为主的国际竞争力。在发挥北京科技示范效应的同时，需要有计划地将各个产业发展所必需的生产制造、网络营销、工程实施等功能向京津冀进行梯次布局，与全国其他区域开展大范围合作，此举既能够带动周边经济发展，又可引领全国的科技创新。

高精尖产业在取得一定成就的同时，仍然存在一些问题，比如政策措施还不能够解决在高精尖产业中分布不均衡问题，在很多行业中表现为企业数量不足，分布不均；科研成果转化难的问题，我国科研成果转化率远低于发达国家的转化率等。面对这些存在的问题，需要创新链与产业链有机协同，增强"高精尖"的研发能力。北京建设国家科技创新中心，同时肩负着引领创新型国家建设的重任，北京理应成为我国自主创新的策源地和示范区，知识创新与技术创新的发动机，为实现创新型国家建设和《中国制造2025》的目标提供有力支撑。

科技创新支撑首都"高精尖"经济结构，北京要建设高精尖经济结构，应明确科技创新的基础和重要支撑作用。针对高精尖产业链中的发现、发明以及发展三个环节的具体任务，进一步集聚和高效利用科技创新资源，拓展技术发展深度，打造高新技术产业链，发挥区域优势，促进科技成果对产业的支撑和带动作用，重点发展以新一代信息技术、医药健康、新材料等为代表的战略性新兴产业，推动科技服务业和金融服务业的再提升，形成利用现代科技创新手段，促进北京科技与高精尖产业发展紧密融合，提升现代产业核心竞争力和高端化城市品质，落实科技创新链条在不同空间尺度的落地、形成高精尖产业集聚，最终实现经济转型升级与绿色低碳发展的双赢，建设首都高精尖经济结构。

第二章　北京金融高质量发展现状

党的十九大报告首次提出"高质量发展"，表明中国经济由高速增长阶段转向高质量发展阶段。经济社会发展要以推动高质量发展为主题，这是根据我国发展阶段、发展环境、发展条件变化作出的科学判断。2020年，我国第一个百年奋斗目标如期实现，开启第二个百年奋斗目标新征程。习近平总书记强调，为实现第二个百年目标，在2050年全面建成社会主义现代化强国，应该把高质量发展贯穿到经济社会发展的各个方面和环节。2021年政府工作报告也指出，我国发展仍然处于重要战略机遇期，要准确把握新发展阶段，深入贯彻新发展理念，加快构建新发展格局，推动高质量发展，为全面建设社会主义现代化国家开好局、起好步。2022年10月16日，习近平总书记在党的二十大报告中又再次强调"高质量发展"，并指出高质量发展是全面建设社会主义现代化国家的首要任务。

第一节　北京金融高质量发展的背景和意义

一、高质量的经济发展需要高质量的金融支持

习近平总书记指出，必须充分认识金融在经济发展和社会生活中的重要地位和作用。金融是实体经济的血脉，保持经济平稳健康发展，一定要把金融搞好。可以说，每一次经济转型都需要金融业的推动，中国经济的技术革新和高质量发展同样也需要金融的改革创新和高质量发展。习近平总书记在党的二十大报告中再次强调，金融业应当不断提升服务实体经济的能力，为推动高质量发展提供更高质量、更高效率的金融服务。党的十八大以来，我国有序推进金融改革创新、治理金融风险，金融业保持快速发展，金融产品日益丰富，金融服务普惠性增强，金融业服务实体经济的能力和水平显著提升，金融业在促进经济发展上发挥了显著作用。

二、北京高质量的经济发展需要北京高质量的金融支持

金融业是北京的第一支柱产业，符合首都城市战略定位，北京始终把金融业放在首都发展的重要位置。2018年12月，前北京市委书记蔡奇在西城区、海淀

区围绕金融业发展调查研究时强调,要坚持以首善标准做好首都金融工作,努力在推进金融改革和高质量发展上走在全国前列。2021年2月,前北京市委书记蔡奇在金融工作座谈会上又再次强调,要深入贯彻党的十九届五中全会、中央经济工作会议精神,深入贯彻习近平总书记对北京重要讲话精神,立足新发展阶段、贯彻新发展理念、构建新发展格局,加快国家金融管理中心功能建设,积极培育发展与大国首都地位相匹配的现代金融业,在金融改革发展上走在全国前列。从2018年到2021年,北京经济社会发展实现历史性跨越,地区生产总值从3.31万亿元上升至4.03万亿元。四年间,北京地区社会融资规模累计6.44万亿元,北京金融业增加值从5 951.3亿元上升到7 603.7亿元,金融业增加值占地区生产总值的比重从18.0%上升到18.9%,重要支柱产业地位进一步稳固,成为首都经济高质量发展的"压舱石"。

第二节　北京金融高质量发展现状

一、北京金融业大力发展金融科技

金融高质量发展离不开金融科技的发展。金融科技的发展不仅能够极大地降低金融机构的运营成本,提升金融机构的效率,助力金融高质量发展,同时,金融机构利用金融与科技相互融合进行金融服务和金融产品创新,有利于更好地服务于实体经济,助力经济高质量发展。

我国高度重视金融科技的发展。为增强金融服务实体经济的能力,2019年8月22日,中国人民银行公布首轮金融科技发展规划——《金融科技发展规划(2019—2021年)》,明确了金融科技的发展方向、任务和路径,金融科技在我国开始迅速发展。人工智能、大数据、区块链等技术的应用推进金融机构发生深刻变革,金融产品和工具应用日益丰富,金融机构服务实体经济的效率和普惠金融的力度不断提高。不可忽视的是,金融业在不断加快金融科技创新的过程中也遇到了许多问题。比如,金融科技的运用使得金融与各个行业的联系日益频繁,这在一定程度上增加了系统性金融风险,另外,我国的金融科技监管相对落后,监管规则和机制仍需进一步完善与补充。为加快金融机构数字化转型,强化金融科技审慎监管，2022年1月4日，中国人民银行又发布第二轮金融科技发展规划——《金融科技发展规划（2022—2025年）》，提出发展规划聚焦的八项任务，即健全金融科技治理体系、充分释放数据要素潜能、打造新型数字基础设施、深化关键核心技术应用、激活数字化经营新动能、加快金融服务智慧再造、加强金融科技审慎监管、夯实可持续化发展基础，这为我国"十四五"期间进一步发展金融科技指明了方向，具体如表2.1所示。

表2.1 《金融科技发展规划（2022—2025年）》八项任务

八项任务	具体内容
健全金融科技治理体系	强化金融科技治理，全面塑造数字化能力，健全多方参与、协同共治的金融科技伦理规范体系，构建互促共进的数字生态
充分释放数据要素潜能	全面加强数据能力建设，在保障安全和隐私前提下推动数据有序共享与综合应用，充分激活数据要素潜能，有力提升金融服务质效
打造新型数字基础设施	建设绿色高可用数据中心，架设安全泛在的金融网络，布局先进高效的算力体系，进一步夯实金融创新发展的"数字底座"
深化关键核心技术应用	深化数字技术金融应用，健全安全与效率并重的科技成果应用体制机制，不断壮大开放创新、合作共赢的产业生态，打通科技成果转化"最后一公里"
激活数字化经营新动能	健全安全高效的金融科技创新体系，搭建业务、技术、数据融合联动的一体化运营中台，建立智能化风控机制，全面激活数字化经营新动能
加快金融服务智慧再造	深化金融服务智慧再造，搭建多元融通的服务渠道，着力打造无障碍服务体系，为人民群众提供更加普惠、绿色、人性化的数字金融服务
加强金融科技审慎监管	加快监管科技的全方位应用，强化数字化监管能力建设，对金融科技创新实施穿透式监管，筑牢金融与科技的风险防火墙
夯实可持续化发展基础	扎实做好金融科技人才培养，持续推动标准规则体系建设，强化法律法规制度执行，护航金融科技行稳致远

北京作为首都，在发展金融科技方面具有显著优势。首先，北京是国家金融管理中心。大部分金融机构的总部以及国家监管部门均落地北京，为发展金融科技提供了一个良好的监管环境。其次，围绕北京建设国际科技创新中心这一战略任务，北京积极推动"三城一区"主平台建设，设立中关村国家自主创新示范区，这为发展金融科技提供了创新资源集中主阵地。再次，为加快引进和培养科技人才，着力打造高水平人才高地，中关村出台了《"十四五"北京国际科技创新中心建设人才支撑保障行动计划》，实施"科技新星计划"和"朱雀计划"等重点人才项目，为发展金融科技提供了专业人才队伍支撑。最后，北京金融业为进一步扩大开放，逐步推进国家服务业扩大开放综合示范区和自由贸易试验区"两区"建设，为发展金融科技提供了新的机遇。

多年来，北京充分利用自身优势，紧跟国家方针政策，立足北京"四个中心"战略定位，多举措并举，积极发展金融科技。2017年9月29日，北京市委、北京市人民政府联合发布的《北京城市总体规划（2016—2035）》提到，为更好服务北京全国科技创新中心建设，支持北京金融科技创新发展，将建设北京金融科技与专业服务创新示范区及核心区（西城区、海淀区）以及打造海淀区、石景山区、房山区、通州区四个各具特色的金融科技创新与产业集群。之后，北京市又发布《北京市促进金融科技发展规划（2018—2022）》《关于首都金融科技创新发展的指导意见》和《北京市"十四五"时期金融业发展规划》，为北京市金融科技发展指明方向。《北京市"十四五"时期金融业发展规划》中提及的金融科技发展规划如表2.2所示。

表2.2 《北京市"十四五"时期金融业发展规划》中提及的金融科技发展规划

五个方面	具体内容
培育数字金融产业主体，激发金融数字化发展新动能	培育壮大数字金融领军企业，支持数字金融领域的高成长初创企业、独角兽企业、"隐形冠军"企业等在京发展。支持金融机构数字化转型升级，支持龙头企业、领军企业在京联合设立数字金融研发中心、应用中心、创新中心等
加强金融科技研发创新，促进数字金融成果转化	鼓励各高等院校、科研院所、新型研发机构等开展数字金融基础理论研究和大数据、隐私计算等前沿底层技术攻关，积极开展数字化技术研发合作和产品服务创新，激发成果转化活力

续表

五个方面	具体内容
拓展金融科技场景应用，加快推进金融数字化转型	深化应用场景发布和对接机制，聚焦普惠金融、养老金融、农村金融需求，在公共服务、生活消费、社会民生等领域建设一批具有示范意义的金融科技应用场景，提升金融科技服务成效
完善数字金融监管体系，健全金融治理和金融安全新机制	服务金融基础设施建设，搭建监管服务支撑平台。在国务院金融管理部门指导下，探索完善金融科技创新常态化管理机制，推广"监管沙箱"北京经验
完善数字金融产业布局，优化数字金融产业生态	进一步支持金融科技特色园区发展，服务国家金融基础设施落地，举办北京金融科技节和高水平数字金融论坛，广泛开展数字金融创新国际交流与合作

截至2022年，北京金融科技发展成效显著，已逐步成为国际一流金融科技中心。根据2021年发布的《全球金融科技中心城市报告》，北京连续三年在全球金融科技中心城市排名中位列第一。具体来说，首先，北京先后成立了北京金融科技研究院、北京立言金融与发展研究院、北京前沿金融监管科技研究院，致力于金融科技底层技术、通用技术、监管技术研发攻坚。其次，北京还建设了国家级金融科技示范区、丽泽数字金融示范区和国家级金融产业示范区，用于承载数字金融、金融科技创新成果。最后，北京还培育形成了京东数科、度小满等全国领先的金融科技企业集群。根据企查查的数据，截至2022年8月，北京共有注册金融科技企业11 601家。北京金融科技基础设施建设已初具规模。

在稳步推进金融科技基础设施建设的同时，北京也在努力进行金融科技创新，助力实体经济发展。首先，为优化银行审批流程，北京市上线了全国首个"基于区块链的企业电子身份认证系统（eKYC系统）"。自该系统推出后，企业填报数据项减少了80%，审核时间节约了40%，极大地节省了企业办理开户、贷款等手续的时间，避免了企业在多家银行重复填报、重复证明。其次，考虑到中小微企业在参与政府采购和国企采购过程中，长期面临回款不及时、经营成本增加等问题，北京上线了基于区块链的供应链债权债务平台，为参与政府采购和国企采购的中小微企业提供融资服务，帮助其解决融资问题。最后，为缓解民营和小微企业的融资困境，解决民营和小微企业首贷难题，北京市又推动了北京市首贷服务中心建设。自北京市首贷服务中心成立以来，帮助了许多民营和小微企业走出困境。

二、北京金融业助力实体经济

金融是现代经济的核心，也是实体经济的血脉。对于金融业来说，首要任务是不断提升服务实体经济的能力，助力经济高质量发展。北京银行业和保险业始终把服务北京实体经济作为出发点和落脚点，通过增强金融普惠性，创新开发金融产品，实施对北京经济发展的重点领域和薄弱环节支持力度、倾斜力度等多项举措，支持北京实体经济发展。同时在资本市场，金融业不断深化新三板改革，加快北京证券交易所建设，完善金融市场体系，努力发挥好资本市场支持中小企业创新发展的显著作用，助力实体经济高质量发展。

1. 银行业助力实体经济

北京银行业作为助力实体经济的重要主体，从2018年到2021年，各项贷款增长41.3%，其中制造业贷款、战略性新兴产业贷款、绿色信贷以及小微企业贷款分别增长42.3%、147.9%、52.5%和66.4%，为北京经济社会高质量发展提供了有力支撑。

为推动制造业向高端化、智能化、绿色化转型升级，中国工商银行北京分行出台《分行服务制造业发展三年行动规划》，持续加大信贷支持力度和信贷倾斜力度，设置制造业专项贷款，助力北京制造业高质量发展。截至2022年10月，工行北京分行制造业贷款余额1700多亿元，较2020年年初净增超600亿元，有力支持了生物医药、装备制造、集成电路、新能源汽车等北京高精尖产业发展。在新发展阶段，为深入贯彻落实新发展理念，工行北京分行持续加大对绿色产业的信贷支持力度，综合利用"投、贷、债、股、租、顾"等多种工具，创新绿色金融产品。截至2022年10月，工行北京分行承销绿色债券500亿元，创新承销市场首单"超短碳中和债""国内国际双认证碳中和债"、首批"可持续发展挂钩债"。另外，为助力乡村振兴，深入实施总行城乡联动发展战略，工行北京分行出台《北京分行金融服务乡村振兴行动方案》，积极打造乡村客户满意银行。针对涉农领域面临的融资金额小、主体多、频率高等各类问题，创新涉农专属信贷产品，推出农保e贷、托管种植贷、农信互联助农贷等专属涉农信贷产品。截至2022年10月，工行北京分行涉农贷款余额超800亿元，较2020年年初增加165亿元，同比增长50%，是各项贷款增速的4倍多，保持同业领先，为助力乡村振兴作出了突出贡献。

除此之外，其他商业银行也在助力北京实体经济发展方面贡献自己的一份力量。盛京银行作为一家扎根北京13个年头的异地进京银行，紧紧围绕北京发展战略，聚焦北京重点产业链和主导产业，开展供应链金融服务。截至2022年10月，盛京银行北京分行累计完成供应链普惠业务投放550笔，投放金额2.4亿元，涉及供应商户数300户、开户120户。鉴于小微企业普遍存在融资需求与抵质押担保能力不相匹配、融资成本高等难题，盛京银行北京分行还凭借银担协同合作渠道优势，同兴展担保、海淀科技担保、亦庄国际担保三家政府性担保公司积极开展业务合作，切实解决小微企业"融资难、融资贵、无抵押"的难题。并且盛京银行北京分行还在各营业网点分别设立了"普惠金融专柜"和"小微企业开户绿色通道"，配备专职人员为小微企业办理前台业务和小微企业信贷业务，让"一站式"普惠金融服务成为支持小微企业发展的重要举措，畅通小微企业融资渠道，润泽市场商户。

同样作为异地进京银行的广发银行北京分行，对中小微企业和个体工商户提供无还本续贷、制定差异化还款方案、减免各类费用等措施助力北京企业发展。

2. 保险业助力实体经济

作为助力实体经济发展的另一重要主体，北京保险业始终以服务北京经济高质量发展为统领，认真践行金融服务实体经济的职责和宗旨，全力支持首都实体经济发展。

2020年，为推动北京国际科技创新中心建设，强化知识产权保护与运用，北京市知识产权局联合市金融监管局、市经信局、市财政局、北京银保监局、市科委、中关村管委会共同印发《北京市知识产权保险试点工作管理办法》，帮助北京市单项冠军企业和重点领域中小微企业解决知识产权纠纷，提供知识产权风险保障。截至2022年10月，已支持北京市472家企业投保4 818件专利，其中包括24家制造业单项冠军企业、449家重点领域中小微企业，保险保障金额超过53.6亿元，保费补贴5 300万元，有效为北京市科创企业发展营造了良好的营商环境，为高精尖产业发展提供支撑，助力北京国际科技创新中心建设。

为助力北京经济高质量发展，服务北京发展大局，保险机构也在积极贡献自己的力量。中国人寿寿险北京分公司推出延期还款、缓缴保费、灵活调整还款安排、调整催收政策、减费让利、征信保护、保险代保证金等多项措施。中国人寿财险北京分公司也积极出台多项措施帮助企业发展。以"安复保"产品为例，截至 2022 年 5 月，该产品累计为 655 家企业提供保障，保障额度累计近 9 000 万元。

3. 证券业助力实体经济

2012 年，为支持创新型、创业型、成长型中小微企业发展，改善中小企业融资难、融资贵等问题，全国中小企业股份转让系统（新三板）经国务院批准成立。新三板成立初期，为中小企业融资提供了众多便利，助力了许多中小企业的发展。但随着 2016 年经济下行，2018 年中美贸易战爆发，国际形势多变，企业的融资需求、融资规模越来越多样化，新三板难以化解 IPO 的"堰塞湖"问题，满足众多企业的融资需求。另外，由于其交易制度设计存在缺陷、投资门槛相对较高，新三板的交易活跃度相比于其他板块明显偏低。为进一步推动新三板发展，2019 年 10 月 25 日，新三板进行全面改革。改革后的新三板采用企业分层制度，设立精选层、创新层和基础层，同时规定在精选层挂牌一定期限，且符合交易所上市条件和相关规定的企业，可以直接转板上市。这在一定程度上激发了市场交易的活跃度，更好地满足了不同规模企业的融资需求。

2021 年 9 月 2 日，习近平总书记在中国国际服务贸易交易会全球服务贸易峰会上宣布设立北京证券交易所（北交所），将新三板精选层的企业转入北交所。这一举措对于进一步提升资本市场服务中小企业创新发展的能力具有重要意义，使那些优秀的创新型的中小企业能够充分享受资本市场改革的融资红利，极大地改善了其融资需求。经过一年多的建设，北交所取得了良好的开局。截至 2022 年 9 月 7 日，共有 110 家企业在北交所上市，其中有 40 家专精特新"小巨人"企业。这些"小巨人"企业通过北交所和新三板联合培育，获得了加速成长，从挂牌到上市，资产规模平均增长了 3 倍，市值翻了两番，平均融资 3.1 亿元。北交所为助力北京国际科技创新中心，助力北京高精尖产业发展作出了突出贡献。为更好支持北京实体经济高质量发展，北交所于2022年9月2日又启动了国债发行业务。此次国债发行计划发行600亿元，实际发行603亿元。此次国债发行业务不仅有助于推进北交所政府债券市场发展，同时也有助于发挥好北交所在助力实体经济发展上的显著作用。

三、北京金融业助力高精尖产业

《北京高质量发展报告（2021）》指出，北京经济高质量发展，首先要"固优势"，大力发展高精尖产业，充分发挥科技创新在全面创新中的引领作用。北京金融业助力高精尖产业发展，就是在助力经济高质量发展。

为更好地助力高精尖产业发展，支持"专精特新"中小企业发展，北京各部门通过提供政策支持、发挥政策引导作用，加大对"专精特新"企业信贷支持力度和倾斜力度，为"专精特新"企业提供专项保险、强化科创企业知识产权保护、深化新三板改革、建立北京证券交易所等多项举措为高精尖产业发展提供支持。

在政府方面，政府主要通过成立政策引导基金、为高新技术产业提供税收减免优惠、在京设立高精尖产业发展资金、为企业提供贷款贴息、资金奖励、保险补贴等财政补贴方式，支持北京高精尖产业发展。在银行业方面，为解决科技型企业研发周期长、融资难、融资贵等问题，银行业加大对"专精特新"中小企业的信贷支持力度和倾斜力度，成立"专精特新贷"专属信贷产品，支持高精尖产业自主研发创新。截至2022年8月底，北京市中小企业"畅融工程"联合6家银行发布了24款"专精特新贷"专属信贷产品，为2851家"专精特新"企业累计放贷232.26亿元，节约融资成本超1.2亿元。在保险业方面，为支持"专精特新"企业研发创新，多家保险机构为"专精特新"企业提供专项保险，北京市银保监局还联合各部门发布《北京市知识产权保险试点工作管理办法》，强化科创企业产权保护观念，为企业提供知识产权风险保障。在证券业方面，为支持中小企业创新发展，加快建设北京市国际科技创新中心，北京市成立了北京证券交易所，便利"专精特新"企业上市融资。此外，还开展了"专精特新"企业上市、创新层晋层、新三板挂牌和拟上市储备"四大工程"，进一步拓宽其上市渠道。

第三节 北京金融高质量发展特征

一、北京金融高质量发展的一般特征

2016年到2021年，北京金融业从4 266.8亿元增加到7 603.7亿元，占地区生产总值的比重从17.1%增加到18.9%，为北京经济社会高质量发展提供了重要支撑。

从银行业来看，金融机构本外币存款余额从13.8万亿元增加到20.0万亿元，本外币贷款余额从6.4万亿元增加到8.6万亿元，北京市金融机构本外币存贷款规模稳步上升。银行业金融机构数量从4 691个下降到4 484个，从业人数从118 583人增加到124 668人，资产总额从215 952亿元上升到299 607亿元，从业人数有所增加，资产总额稳步上升。

从保险业来看，2016年，北京市实现保费收入1 839亿元，保费支出596.6亿元，保险密度8 467.8元/人，保险深度7.39%；2021年，北京市保费收入增至2 529.9亿元，保费支出增至838.5亿元，保险密度增至11 545元/人，保险深度有所下降，降至6.3%，但保险密度和保险深度依然处于全国前列。

从证券业来看，证券市场交易总量增长迅速，从60万亿元增长到180.1万亿元。2021年，北京证券交易所设立，北京多层次资本市场体系进一步完善，直接融资规模增长迅速。截至2021年，北京地区各类企业利用多层次资本市场实现直接融资规模已达1.3万亿元。

二、北京金融高质量发展的首都特征

北京作为国家首都的特殊地位决定了北京金融业发展要服务于首都定位，服务于首都发展。首先要立足北京"国家金融管理中心"地位，服务北京国家金融管理中心建设。其次，要立足北京"四个中心"战略定位，优化提升首都功能，疏解非首都功能。

1. 立足北京"国家金融管理中心"地位，服务北京国家金融管理中心建设

《北京城市总体规划（2016年—2035年）》明确了北京"国家金融管理中心"的定位。为加强国家金融管理中心功能建设，北京支持数字货币、金融科技、征信评级、登记托管、支付清算、存款保险、金融安全等金融基础设施类平台在京发展。第一，在中国人民银行大力支持下，国家数字金融技术检测中心、国家金融科技测评中心等新一代数字金融基础设施集中在京布局，北京成为数字金融研发、测试、应用、推广全流程的运转中枢。第二，国外权威信用评级机构标准普尔、标准全球公司和惠誉博华评级公司（惠誉国际信用评级的子公司）先后入驻北京。之后，全国第二家个人征信机构朴道征信和外资征信机构益博睿征信也相继落地北京。2022年上半年，益博睿征信还正式入驻北京国际大数据交易所，成为唯一一家在北数所交易平台上线产品的外资征信机构。第三，首家证监会试点区块链登记托管系统落地北京区域性股权市场。第四，网联清算公司、存款保险基金管理公司也在京设立。第五，为推进金融审判体制机制改革，服务好金融监管、金融安全与金融发展，北京市成立了金融法院。

2. 立足北京"四个中心"战略定位，优化提升首都功能，疏解非首都功能

党的十八大以来，习近平总书记9次视察北京、14次对北京发表重要讲话，深刻回答了"建设一个什么样的首都，怎样建设首都"这一重大时代课题，并赋予北京"全国政治中心、文化中心、国际交往中心和科技创新中心"的城市战略地位，为做好首都工作指明了方向。

北京作为特大一线城市，多年来一直面临着严重的交通堵塞、资源过载、环境污染严重等问题，其根本原因在于北京承载了太多非首都功能。为解决北京面临的因大量功能和人口集聚形成的一系列困境，北京市立足习近平总书记提出的北京"四个中心"战略地位，优化首都功能，疏解非首都功能，并逐渐探索出一条"京津冀协同发展"的道路。2015年4月，中共中央政治局召开会议，审议通过《京津冀协同发展规划纲要》。京津冀协同发展的核心要义就是将北京的非首都功能的产业转移到河北和天津，从而优化北京的首都功能，疏解北京非首

都功能，同时带动天津和河北两地区经济发展。

为贯彻落实国家京津冀协同发展战略，北京金融业推动建立京津冀协同发展人民银行三地协调机制，加大对协同发展重点领域的融资支持，联合工信部门发布"京津冀金融支持计划"，打造全国首个基于互联网涉企信用信息的"京津冀征信链"平台。截至2022年10月，北京地区金融机构京津冀协同发展项目融资余额已经突破万亿元。为此，国家开发银行还专门设立了"疏解北京非首都功能专项贷款"，并承诺2022年至2025年期间，为北京非首都功能疏解提供4 000亿元专项贷款支持。浦发银行北京分行也积极融入首都发展新格局，响应《京津冀协同发展规划纲要》，为北京市核心区腾退以及疏解非首都功能建设，提供资金支持，助力老旧小区改造、商圈楼宇改造、工业产业园改造、市政基础设施改造等各类拆迁腾退项目，已落地项目包括动物园批发市场腾退改造和东城区隆福文化街区修缮更新项目的银团贷款。

三、北京金融高质量发展的国际特征

北京作为国家首都的特殊地位决定了北京金融业发展要服务于国家首都定位，服务于国家发展，体现国际特征。首先，我国正在加快建设科技强国，北京作为我国科技基础最为雄厚、创新资源最为集聚、创新主体最为活跃的区域之一，建设国际科技创新中心具有显著优势。北京金融业支持国际科技创新中心建设对我国实现科技自立自强具有重要意义。另外，我国正在持续推进对外开放，为进一步扩大服务业开放，习近平总书记在2020年召开中国国际服务贸易交易会全球服务贸易峰会上宣布，支持北京打造国家服务业扩大开放综合示范区，支持北京设立以科技创新、服务业开放、数字经济为主要特征的自由贸易试验区，构建京津冀协同发展的高水平平台，带动形成更深层次的改革开放新格局。作为服务业的重要组成部分，金融业在"两区"建设中扮演了非常重要的角色，推动金融业对外开放对助力北京"两区"建设具有重要意义。

1. 助力北京国际科技创新中心建设

围绕建设国际科技创新中心这一战略任务，北京市积极推动"三城一区"主平台建设，推动建设中关村科技城、怀柔科技城、未来科学城以及北京经开区创新型产业集群示范区，推动建立中关村国家自主创新示范区。

为助力国际科技创新中心建设，北京银行业大力发展科创金融，创新金融产品，持续加大对科创企业的信贷支持力度以及倾斜力度，并为"专精特新"企业提供专项贷款。保险业则为科创企业提供专项保险，并为它们提供支持知识产权保障和风险保障，从而帮助科创企业解决融资难等问题。北京金融业也牢牢把握北交所设立的历史契机，充分发挥北交所在首都资本市场体系建设中的枢纽作用，为国际科技创新中心建设提供更有力的支撑和更坚实的保障。

2. 助力北京"两区"建设

作为国家金融管理中心，北京一直是我国金融改革开放的前沿阵地。2018年11月1日，时任北京市地方金融监督管理局党组书记、局长的霍学文在北京国际金融博览会的年度金融论坛上指出，北京将大幅度放开外资金融机构市场准入，依托北京作为国际交往中心的优势，利用外资金融机构聚集的优势，扩大金融开放，让外资金融成为首都金融发展新亮点。"两区"建设的提出，更是为金融业对外开放提供了新的机遇。

为助力"两区"建设，北京金融业不断推进改革开放，在金融市场准入、资本市场开放、扩大开放资质、优化营商环境等方面取得瞩目的成绩，并形成"六个一批"为代表的开放创新成果。北京金融领域"六个一批"开放创新成果如表2.3所示。

表2.3 北京金融领域"六个一批"开放创新成果

"六个一批"开放创新成果	具体内容
落地一批标志性项目	高盛、瑞士信贷、安联保险、大和证券等外资金融机构在京新设或增资控股，持续深化发展
创设一批金融市场平台	设立股权投资和创业投资份额转让试点平台、国际大数据交易所、北京绿色交易所等金融市场平台，为全球创新要素流动提供新型功能载体
推出一批跨境金融服务和产品	率先开展QDLP（合格境内有限合伙人，Qualified Domestic Limited Partner）试点，优化提升QFLP试点，跨国公司本外币一体化资金池试点、本外币账户合一试点等政策在京率先"破冰"

续表

"六个一批"开放创新成果	具体内容
突破一批扩大开放资质	设立人民币国际投贷基金、海外平行基金，全国首单公租房领域公募REITs（不动产投资信托基金，Real Estate Investment Trusts）正式落地北京，德意志银行成为北京首家获得证券投资基金托管资格的外商全资银行
实施一批营商环境优化政策	率先建立证券、期货、基金"三位一体"境外金融执业资格往资历认可机制，上线全国首个金融多元解纷一体化平台等
搭建一批国际化交流合作平台	开创性举办全球系统性重要金融机构会议，高水平举办服贸会金融服务专题展、保险业高质量发展论坛、全球PE论坛等，金融国际合作取得新成果

第四节　实现北京金融高质量发展建议

金融是现代经济的核心，大力发展金融业，对于转变经济发展方式，赢得发展新优势、开创发展新局面，保持经济又好又快发展，具有十分重要的意义。为进一步推动北京金融业持续、健康、安全发展，发挥好金融对经济社会发展的促进作用，要做好北京金融高质量发展顶层设计，继续发展金融科技，促进金融与科技更深度融合，引导金融机构服务北京高质量经济发展，提升北京多层次资本市场广度深度，防范金融风险。

一、促进金融与科技更深度融合

随着云计算、大数据、区块链、人工智能等关键技术日益成熟，科技已成为金融创新的重要推动力，金融与科技的深度融合推动金融服务方式发生根本性变革。金融科技的发展不仅能够极大地降低金融机构的运营成本，提升金融机构的效率，同时，金融机构利用金融与科技相互融合进行金融服务和金融产品创新，也有利于更好地服务于实体经济，助力经济高质量发展。为促进北京经济高质量发展，金融与科技更深度的融合具有重要意义。

1. 面临的障碍

受多重因素影响，北京市金融与科技的融合发展仍旧存在些许障碍，未来仍有很大的优化空间。

第一，缺少政府的统一引导。针对金融与科技融合发展，北京市政府虽然出台了一系列支持政策，但是顶层设计不尽完善，散落于各个职能部门，联动机能的缺失严重阻碍了金融与科技融合发展。

第二，缺少专业人才的支持。在任何时候人才都是支持创新发展的第一要素。尤其是既懂金融，又能够灵活运用科学技术的复合型人才，这类人才的短缺成了限制金融科技深度融合乃至整个金融科技产业链升级的重要阻碍。

第三，缺少健全的金融服务体系。健全的服务体系能够为金融与科技深度融合提供助力保障。面对市场庞大的金融贷款业务需求，以及逐年增长的科技型企业数量，北京市当前的金融服务体系并不足以支撑金融科技的发展。在一些具体的服务性功能方面，仍然存在诸多短板问题，许多科技创新企业由于研发周期长、不确定性大、失败率高等原因面临融资难、融资贵等问题，这严重阻碍了科技创新的进程。

2. 应对措施

针对北京市金融与科技融合发展中存在的一系列问题，应采取以下应对措施。

第一，政府方面应加强科技与金融深度融合发展顶层设计，结合各区实际情况，制定系列可行性财政支持政策，科学选择投入方式，包括直接投资、专项拨款、间接补贴等，扶持金融与科技融合发展。

第二，依托"国际科技创新中心"建设，积极推动中关村《"十四五"北京国际科技创新中心建设人才支撑保障行动计划》实施，推动中关村"科技新星计划"和"朱雀计划"等重点人才项目实施，为各区重点人才项目实施提供政策支持，以吸引更多的复合型、科技型人才落户北京。同时，要利用北京高校优势，大力推动产学研一体化机制，驱动高校与企业深度合作，引导建立紧密的合作伙伴关系，推动学校优势学科向真正生产力的转化，重视跨学科人才培养，扎实智力因素支持。

第三，不断优化政策支持和营商环境，积极营造金融科技创业创新氛围，鼓励和支持金融科技企业健康发展。针对许多科技创新企业面临的研发周期长、融资难、融资贵等问题,各类金融机构应持续加大对该类公司的资金支持力度,同时政府方面可采用专项拨款、提供税收优惠等方式助力企业研发创新。比如,立足于科技发展的全生命周期,适度降低研发成果孵化期间的税额,包括增值税、所得税等,加速其实际价值产出。

二、引导金融机构服务高质量经济发展

对于金融业来说,首要任务就是服务实体经济,积极引导金融机构服务实体经济对促进首都经济高质量发展具有重要意义。

在银行领域,现阶段许多商业银行所推出的产品存在同质化严重的问题,无法满足实体经济对金融机构的多样化需求。对此,应积极引导银行业金融机构深化金融供给侧结构性改革,优化金融资源配置,将更多金融资源配置到北京经济发展的重点领域以及薄弱环节,重点支持先进制造业企业、科技创新企业、中小微企业发展。优化制造业信贷资源配置,强化先进制造业中长期资金支持,创新开发适合制造业特点的金融产品,提升制造业贷款规模和比重,提高制造业中长期贷款比例。增加对科技创新企业信贷资源倾斜力度,加大对科技创新企业的信贷投放,鼓励支持企业研发创新。持续加大对中小微企业的支持力度,主动跟进中小微企业的融资需求,创新开发中小微专项贷款产品。

在保险领域,首先应继续发挥保险行业的风险保障功能。其次,应继续发挥保险行业的长期资金优势。保险资金具有规模大、期限长、成本低、来源稳定等特点,保险业金融机构应立足北京经济发展大局,优化金融资源配置,利用长期资金优势,通过股权投资、债权投资计划、信托投资计划等方式直接或间接地为经济发展的重点领域企业提供融资支持。

在证券领域,证券行业应牢牢把握资本市场各板块功能定位,借助多层次资本市场满足不同类型、不同阶段企业的差异化发展需求,引导金融资源流向重点领域和薄弱环节,推动经济社会高质量发展。同时,充分发挥北交所在支持中小企业创新发展中的显著作用,利用好北交所这个平台,助推北京本地的更多中小企业上市融资发展。未来,北交所应进一步提高资本市场服务中小企业效能,不断扩大市场规模、完善产品体系,推进更多合格投资者入市。进一步完善制度建设,深化市场融资交易功能,为更多专精特新中小企业提供直接融资服务。

三、提升北京多层次资本市场广度和深度

从成立新三板，到新三板实行基础层、创新层和精选层分层，再到北交所成立、实行注册制，北京多层次资本市场建设不断深化。2022年1月，证监会公布《关于北京证券交易所上市公司转板的指导意见》，北交所转板制度正式落地，北交所上市公司可以转板至沪深交易所继续发展，我国多层次资本市场实现真正意义上的互联互通。

提升北京多层次资本市场的广度和深度，首先需要持续深化新三板改革。北交所与创新层、基础层联动配合、协同发展，是新三板市场的重要特点。证监会应充分发挥这一优势，持续深化新三板改革，优化基础层挂牌条件，进一步完善创新层分层标准，加大对"更早、更小、更新"的初创型科创企业支持力度，为北交所培育和输送更多优质上市资源。同时，发挥新三板作为"公募市场"与"私募市场"衔接枢纽的作用，为私募股权和创投基金的"募投管退"提供更多支持，为中小企业创造更好的早期融资和发展环境。

其次，需要持续发挥北交所在多层次资本市场中的显著作用。第一，继续加强北交所与其他板块市场的互联互通，持续完善北交所转板机制。转板上市制度可以加强多层次资本市场的有机联系，更好发挥各市场的功能，激发市场活力，为不同发展阶段的企业提供差异化、便利化服务，增强金融服务实体经济能力。但现阶段，在北交所上市的公司规模体量普遍偏小，北交所与创业板、科创板之前存在较大的估值落差，转板的企业数量也很少，需通过更加完善的转板制度来加强各层次资本市场之间的互联互通，逐步推进建立覆盖全市场的转板制度。第二，进一步提高北交所的流动性。据测算，在1.9亿名股民中，大约只有3%的股民达到北交所50万元的投资门槛，该投资门槛将市场中众多中小投资者挡在大门之外；另外，由于北交所刚刚成立一年多，很多体系还不够完善，主要服务对象是那些创新型中小企业，许多投资者对北交所呈观望态度，这些原因都导致了北交所流动性不足。对此，应该适当调整优化北交所的投资门槛，坚持和完善投资者适当性管理这一核心的制度安排，增强北交所的吸引力，吸引更多的机构投资者入市，从而提升投资者的市场活跃度。第三，应着力推进北交所高质量扩容，立足创新型中小企业的发展需求，持续优化市场服务，完善发行上市条件，提升审核包容性，在保证审核质量的前提下，支持一批具有核心竞争力的标杆企

业快速实现发行上市，形成示范带动效应，引导更多优质企业积极申报，推动北交所尽快形成一定规模。

四、注意防范金融科技发展伴随的风险

金融机构在深化金融科技运用和享受金融科技红利的同时，应注意防范与之伴随的金融风险。尽管北京金融科技发展迅速，已逐步成为国际一流金融科技中心，但北京在金融科技监管能力上仍存在不足。金融监管体系滞后于金融科技发展，监管能力难以匹配金融科技的发展现实。对此，就需要北京市各部门从顶层制度上不断完善各项机制的构建，提升监管水平。监管部门需要建立起与金融科技行业发展相适应的监管准则，不断填补监管空白、实现风险监管全覆盖。

1. 具体的金融风险

第一，金融科技在提供跨市场、跨机构金融服务的同时，也会使风险的传染性更强、波及面更广，这会加大金融系统性风险发生的可能性。

第二，在金融科技推动下，金融机构所依赖的核心资源就是数据的算法基础，但是在高度开放的网络环境和数字化环境当中，金融数据的搜集、存储、加工、应用环节存在较大的安全风险，极易出现泄露或者被篡改的危险，而这些数据安全风险所带来的直观后果就是金融机构的数据遭到破坏，敏感信息出现外泄现象。

第三，金融和科技深度融合发展中也面临着一定的信用风险。事实上，科技创新全生命周期中伴随着各种各样的风险，如研发是否成功、孵化成果是否满足需求、能够产生经济效益等，这些原因都会导致科技创新企业可能会无法偿还银行贷款，继而可能招致法律风险。

第四，随着金融科技的高速发展，大数据、区块链等高新技术的应用改变了传统金融交易方式以及习惯，以往的金融相关法规很难开展有效的界定以及监管工作。新型金融交易行为、金融业态逐渐涌现，就现有的法律框架来看，无法有效对其开展规范以及监管工作，这也就导致了合规性风险的出现。

2. 应对措施

第一，实现跨机构、跨行业的经营业务监管体系，及时控制银行、证券和保险等金融机构的直接和间接关联水平，对于分业监管政策模糊或真空地带的创新

业务进行严格限制，阻隔风险的传导积聚，减少系统性风险。

第二，通过强化金融服务系统的数据安全防御工作来保障金融数据的安全性和完整性，避免引发严重的数据安全问题。具体来说，政府及立法部门应该加强相关的立法工作，完善相关的法制建设；金融机构内部技术部门也应加快相关技术的研发和应用，建立健全高效及时的防御系统，一旦数据被非法窃取或者篡改，防御系统能够很快做出反应。

第三，应设立专门的金融科技服务部门，面向不同规模、类别的科技企业，大力引入高素质人才，做好市场调研工作，合理预见风险，并制定相应的处理机制，将损失降至最低。同时，充分利用信息技术优势，构建信用数据库，建立相应的评估模型。

第四，金融科技具有全球化发展的趋势，监管部门应紧抓"两区"建设和"国际科技创新中心"建设机遇，积极与其他国家进行金融科技监管方面的交流，以借鉴其他国家的监管经验。同时，做好顶层设计，提前对金融科技方面的全新金融风险进行判定，进而从类别、层次等方面制定不同金融科技风险的监管法规。

第三章　金融支持北京高精尖产业发展的现状和存在问题

第一节　金融支持北京高精尖产业发展政策指引

在完成全面建成小康社会、实现第一个百年奋斗目标之后，我国开始步入全面建设社会主义现代化国家的新征程。2021年3月12日，《中华人民共和国国民经济和社会发展第十四个五年规划和2035年远景目标纲要》正式对外公布，以"高质量发展"为主题，强调通过实施更大力度的费用补贴等普惠性支持政策、完善金融支持创新服务体系，以实现"推动企业创新，建立以企业技术创新为主体、以市场为导向、产学研用深度融合的技术创新体系""深入推进科技体制改革，完善国家科技治理体系，优化国家科技计划体系和运行机制，推动重点领域项目、基地、人才、资金一体化配置"。在2022年10月16日开幕的中国共产党第二十次全国代表大会上，习近平总书记再次强调"坚持创新在我国现代化建设全局中的核心地位，强化国家战略科技力量，提升国家创新体系整体效能，形成具有全球竞争力的开放创新生态"。因此，"要坚持把发展经济的着力点放在实体经济上"成为金融业进一步高质量发展的指引，成为业内共识。

跟随"十四五"规划的指引，北京市人民政府于2021年8月18日印发《北京市"十四五"时期高精尖产业发展规划》，提出"2025年，北京高精尖产业增加值占地区生产总值比重将达到30%以上，万亿级产业集群数量4到5个，制造业增加值占地区生产总值13%左右、力争15%左右，软件和信息服务业营收3万亿元，新增规模以上先进制造业企业数量达到500个"，构建"2441"高精尖产业体系的目标。

中央曾多次强调科技创新的发展离不开金融的支持。根据北京市科学技术研究院、经济科学出版社联合发布的《高精尖产业发展研究》，截至2020年，北京市高精尖产业发展在国内已处于领先水平。然而，高精尖产业发展关键在于技术创新，随之带来的研发周期长、成果转化慢的自身特性会导致市场普遍对其资源配置过低，在高精尖产业整体万亿规模的体量下，2021年北京市公示百亿级别高精尖产业的基金规模仍然匮乏，需要政府层面和社会资本发展科技金融和普惠基金的支持和保障。与此同时，首都高精尖产业结构的形成也在一定程度上促使北京金融市场得到发展——发挥资金规模优势、扩大企业直接和间接融资渠道，使其最终服务于实体经济。云小鹏等人（2021）也为"加大对高精尖产业金融政策的支持力度，提高高精尖产业融资能力，能够显著促进经济增长"提供了证据。因此面对不可或缺的金融服务相关支持，北京市人民政府出台了《北京市关于促进高精尖产业投资推进制造业高端智能绿色发展的若干措施》，其中包含鼓励投资高精尖产业、加大产业基金引导、加大重点项目支持力度、扩大金融信贷供给等16项具体措施，以引导更多资金流入高精尖产业，谋求高质量发展。

在以上政策的推动下，北京市金融支持高精尖产业发展逐步展开，主要聚焦于政府通过建立产业引导投资基金、发放财政补贴、提供税收优惠等方式的金融引导扶持；以发展产业园区、搭建完善融资平台等实现外部融资环境优化；银行业信贷等专项特色金融产品服务的推出；资管行业环境的监管优化；以及保险业在知识产权维权保护方面的加强。

第二节　金融支持北京高精尖产业发展现状

一、政府支持北京高精尖产业发展

北京在《京津冀协同发展规划纲要》《北京加强全国科技创新中心建设总体方案》等顶层设计框架的指引下，自2015年便着力搭建高精尖经济架构体系。然而大额的研发费用投入、较长的成本回收周期以及研究创新的高风险性都在一定程度上抑制了企业的转型升级。在此期间，北京市各级政府在鼓励企业自主创新、缓解研发资金投入不足等方面起到了举足轻重的作用。

1. 政府引导投资基金

为支持北京高精尖产业结构建设，引领社会资金流入高精尖企业，缓解此类高新技术、新模式、高创新、高投入、高成长企业资金不足的困境，依据"政策性、引导性、开放性、市场化"原则，2015年8月建立北京高精尖产业发展基金。根据《北京高精尖产业发展基金管理办法》，该基金主要关注处于科技前沿，符合国家战略需求的新型领域、高端环节和创新业态的企业。高精尖基金采取母子架构运作模式，主要由市政府出资的母基金及其与社会资本合作的子基金组成，其中市政府以领头人的身份，吸引市场上更多优质的基金合作机构共同成立支持高精尖产业的基金，依托市场化手段，优化高精尖产业面临的资源配置不均衡的外部环境。

自基金成立以来，规模已有显著扩大，至2021年9月北京高精尖产业发展基金已在13个高精尖产业重点投资领域、超过30个细分领域完成了产业布局，基本实现了对高精尖目标领域的全覆盖。从刚成立时的50亿规模，到仅26支在管子基金认缴总规模已超220亿元，总体规模增加4.4倍。截至2022年9月，根据北京工业发展投资管理有限公司公众号发布的数据，该基金累计已投资210家企业，直接投资126家企业，其中"专精特新"和"小巨人"企业约有90家，已IPO或IPO过会14家，拟上市企业40家，总投资额百亿元，带动社会融资超450亿。在2021中国风险投资行业年度榜单中，北京高精尖产业发展基金更是荣登"中国最佳政府引导基金TOP50"。由此，北京高精尖产业发展基金的引导为项目在京落地提供了切实的帮助，越来越多的高精尖企业得到资金支持，缓解了由于资金短缺造成的研发停滞，支持和保证高精尖产业整体平稳发展。

除了北京市政府，北京各区政府也在逐步设立自己的政策性基金，如门头沟区政府产业引导基金、东城区政府投资引导基金、海淀区政府投资引导基金等等。以上基金将投资视角具化到特定领域，通过带动投资机构等社会资本参与，更加精准地为该区企业的高精尖企业发展提供支持，促进优质项目落地，实现北京各区协调发展。北京市及各区产业引导基金如表3.1所示。

表3.1 北京市及各区产业引导基金

行政级别	产业引导基金名称
市级基金	北京高精尖产业发展基金
市级基金	中关村国家自主创新示范区天使投资和创业投资支持资金
区级基金	东城区政府投资引导基金
区级基金	西城区产业创投引导基金

续表

行政级别	产业引导基金名称
区级基金	海淀区政府投资引导基金
区级基金	朝阳区高新技术产业发展引导资金
区级基金	房山区科技创新专项资金
区级基金	大兴发展引导基金
区级基金	昌平区政府产业基金
区级基金	石景山区现代创新产业基金
区级基金	门头沟区政府产业引导基金
区级基金	怀柔区高精尖产业股权投资基金
区级基金	（密云区）北京绿色科技产业发展基金
区级基金	延庆科技创新基金、高精尖产业发展基金

2. 税收优惠政策

除了在融资方向上的支持，政府在税收方面也给予大力优惠政策，通过降低税负以激励更多尖端高新技术企业自主创新与发展。根据北京市人民政府印发《北京市关于进一步促进高新技术产业发展的若干规定》，市政府不断加强对高新技术企业的各项税收优惠政策，其中不仅涉及高新技术企业税务，同时包括员工个人税务、创投公司税务。北京市政府充分利用税收调节作用，真正为缓解高精尖企业资金紧张、引进高精尖人才创造良好的外部条件。与此同时，支持企业进行科研创新，促进高精尖产业进一步发展。北京高新技术企业的税收政策如表3.2所示。

表 3.2 北京高新技术企业的税收政策

优惠对象	优惠内容
高新技术企业	属于经认定的高新技术企业，从开办的那天起三年内可以免征企业所得税，第四至六年按15%的优惠税率减半缴纳企业所得税
高新技术企业	注册在开发区内并经有关部门认定为高新技术企业的，一律按15%的税率缴纳企业所得税

续表

优惠对象	优惠内容
高新技术企业	企业出口产品产值达到当年总产值40%以上的，经税务部门核定可以减按10%的税率征收企业所得税
高新技术企业	高新技术企业研制开发新技术、新产品、新工艺当年所发生的各项费用和为此所购置的单台价值在10万元以下的试制用关键设备、测试仪器的费用，可一次或分次摊入成本；购买国内外先进技术、专利所发生的费用，经税务部门批准，可在两年内摊销完毕
高新技术企业	高新技术企业当年发生的技术开发费比上年实际增长10%（含10%）以上的，当年经主管税务机关批准，可再按技术开发费实际发生额的50%抵扣当年应纳税所得额
高新技术企业	对企业为开发新技术、新产品、新工艺发生的研究开发费用，未形成无形资产计入当期损益的，在按照规定据实扣除的基础上，按照研究开发费用的75%加计扣除；形成无形资产的，按照无形资产成本的175%摊销
高新技术企业	由于技术进步，产品更新换代较快和常年处于强震动、高腐蚀状态的高新技术企业固定资产可加速折旧
高新技术企业	一个纳税年度内，居民企业技术转让所得不超过500万元的部分，免征企业所得税；超过500万元的部分，减半征收企业所得税
高新技术企业	北京高新技术企业亏损弥补结转年限从五年延长到十年
高新技术企业员工	高新技术企业工资总额增长幅度低于经济效益增长幅度、职工平均工资增长幅度低于劳动生产率增长幅度的，实际发放的工资在计算企业所得税应纳税所得额时允许据实扣除
高新技术企业员工	对在高新技术成果转化中作出重大贡献的专业技术人员和管理人员免征个人所得税
创投企业	按照其对中小北京高新技术企业投资额的70%抵扣应纳税所得额

3. 财政补贴政策

配合税收优惠政策出台的还有财政补贴政策。早在2016年，北京财政局已紧紧围绕《国务院关于印发北京加强全国科技创新中心建设总体方案的通知》《北京市人民政府关于印发加快科技创新构建高精尖经济结构系列文件的通知》等文件精神，在京设立了高精尖产业发展资金。该资金通过对符合条件的企业给予贷款贴息、资金奖励、保险补贴等普惠性补贴方式，以促进北京市传统企业进行转型升级，优化北京高精尖产业链，推进北京高精尖产业结构的构建。截至2020年年底，高精尖产业占GDP比重已达25.8%，伴随高精尖产业在京产业占比的大幅提升，高精尖产业迅速发展也已成为北京经济增长的主要推手，是北京市高质量发展的重要动力。

在《北京市"十四五"时期高精尖产业发展规划》和《北京市关于促进高精尖产业投资推进制造业高端智能绿色发展的若干措施》等文件指引下，北京市财政局、北京市经济和信息化局联合发布了《2022年度北京市高精尖产业发展资金实施指南》，其中明确指出将高精尖资金安排规模增加至20亿元规模，并完善高精尖产业发展资金在2022年度内重点支持的高端智能绿色发展和高精尖产业平稳发展产业方向中12个具体细分方向的实施标准。强调以"普惠共享"为支持原则，进一步加大资金支持力度和优化申报流程，实现资金支持的广泛覆盖和资金运用的清晰透明，瞄准高精尖产业发展各项要素精准施策，为北京市制造业高质量发展和经济增长起到助推作用，同时为市内高精尖产业基础再造提升、突破创新自主化攻坚期、优化升级整体产业链发挥积极影响。《2022年度北京市高精尖产业发展资金实施指南》的主要内容提要如表3.3所示。

表3.3　《2022年度北京市高精尖产业发展资金实施指南》的主要内容提要

支持方式	支持范围	支持内容
集成电路设计产品首轮流片奖励	支持集成电路设计企业开展多项目晶圆或工程产品首轮流片	按照流片费用一定比例予以奖励
重点新材料首批次应用示范奖励	符合要求的新材料产品应用示范	按照销售额的一定比例分档奖励，单个产品奖励金额最高不超过500万元，单个企业年度奖励金额不超过1 000万元

续表

支持方式	支持范围	支持内容
医药创新品种首试产奖励	进入Ⅱ期临床试验等，且确定在本市产业化的人工智能/应急审批医疗器械	单个创新药品奖励金额不超过500万元，单个医疗器械奖励金额不超过200万元
高精尖产品研发和应用保险补贴	符合条件的商业航天、汽车芯片、智能网联汽车等领域的投保企业	按照不超过相关保费的50%给予补贴，单个企业年度补贴金额不超过1000万元
重点投资项目贷款贴息	在京工业重点产业或软件信息服务业固定资产投资纳统1000万元（含）以上，且获得银行贷款的企业	给予普惠性贴息，固定资产贷款贴息率不超过2%，流动资金贷款贴息率不超过1%，单个企业年度贴息金额最高不超过1000万元
先进制造业企业融资租赁补贴	先进制造业企业租赁研发、建设、生产环节中需要的关键设备和产线	单个企业申报融资租赁合同额不低于1000万元，按照不超过5%的费率分年度补贴，最高不超过3年，单个企业年度补贴金额不超过1000万元
老旧厂房更新利用奖励	在京企业在不改变用地性质的前提下利用老旧厂房开展先进制造业项目建设	符合条件的项目给予一定比例的奖励
"新智造100"项目奖励	规定期间内竣工的，满足相关建设标准的智能化项目	按纳入奖励范围总投资的一定比例分档奖励
绿色低碳发展项目奖励	规定期间内竣工的，在污染治理、低碳发展等方向实现绩效提升的项目	按不超过纳入奖励范围总投资的25%给予奖励，单个企业年度奖励金额最高不超过3000万元
做优做强高精尖企业	满足要求的先进制造业、基础软件、工业软件以及集成电路设计企业	一次性最高奖励30万元，获评"专精特新"的再增加奖励20万元
工业企业稳运行稳就业奖励	对2022年产值净增量10亿元（含）以上且增速不低于15%，参保人员数量不低于上年度末的工业企业	分档奖励，最高不超过3000万元

续表

支持方式	支持范围	支持内容
软件信息服务业企业稳运行稳就业奖励	对 2022 年营业收入净增量 50 亿元（含）以上且增速不低于 20%，参保人员数量不低于上年度末的软件信息服务业企业	分档奖励，最高不超过 3 000 万元
产业链供应链协同奖励	首次签订采购合同后金额（不含税）在 300 万元（含）以上的产业链龙头企业供应链	按实际履约金额的 5% 对产业链龙头企业给予奖励，对应每家供应链配套企业奖励额度不超过 300 万元，单个产业链龙头企业年度奖励额度最高不超过 1 000 万元
汽车整车产业链协同奖励	首次签订采购合同后金额（不含税）在 300 万元（含）以上的在京整车生产企业供应链	按实际履约金额的 5% 给予整车企业奖励，对应每家供应链配套企业奖励额度不超过 3 000 万元，单个整车企业年度奖励额度最高不超过 1 亿元

与此同时，北京市还鼓励各区依据自身具体情况制定差异化支持政策，如表 3.4 所示。在北京市整体对高精尖企业认定趋于严谨的大环境下，加大各区奖励补贴力度，因地制宜更加精准地采取适当性政策，促进更多符合区域高精尖产业战略发展的企业项目迁入，共同推动北京市高精尖产业发展建设。

表 3.4 北京市各区给予高精尖产业优惠补贴政策

北京市区	补贴内容	政策文件
东城区	首次认定奖励额度：5 万元	《东城区促进科技和信息产业发展的若干意见》
西城区	首次认定奖励额度：30 万元	《北京市西城区支持中关村科技园区西城园自主创新若干规定》
朝阳区	补助资金：最高不超 3 万元	《朝阳区高新技术产业发展引导资金管理办法》

续表

北京市区	补贴内容	政策文件
房山区	首次认定奖励额度：5万元	《房山区支持构建高精尖经济结构的实施意见》
丰台区	奖励金额：一次给予30万元	《丰台区促进高精尖产业发展扶持措施（试行）》
大兴区	首次认定奖励额度：30万元	《大兴区科技创新项目操作规范》
昌平区	奖励金额：一次给予3万元	《昌平区科技创新支持政策》
石景山区	首次认定奖励额度：3万元	《石景山区促进应用场景建设加快创新发展支持办法》
门头沟区	首次认定奖励额度：10万元	《关于改革优化营商环境精准支持"高精尖"产业发展的若干政策》
顺义区	首次认定奖励额度：30万元	《顺义区加快科技创新促进科技成果转化实施细则》
怀柔区	奖励金额：30万元	《怀柔科学城促进产业聚集专项政策（试行）》
平谷区	首次认定奖励额度：10万元	《平谷农业科技创新示范区高新技术企业及技术交易资助办法》
密云区	首次认定奖励额度：30万元	《密云区支持企业发展办法（试行）》
延庆区	首次认定奖励额度：10万元	《中关村国家自主创新示范区延庆园区促进创新创业发展支持资金管理办法（修订稿）》

二、融资环境支持北京高精尖产业发展

截至2021年，北京经济总量在过去五年中连续迈上两个万亿台阶，实现

跨越式发展，已经稳稳跻身世界级城市行列，科技创新在背后发挥了重要作用，其中，专精特新中小企业发展尤其迅猛。2018年以来，在工信部已评选公布的三批4 762家国家级专精特新"小巨人"企业中，北京共有257家入选，数量位居全国主要城市前列。"专精特新"中小企业成为北京"十四五"时期落实城市发展战略定位、建设国际科技创新中心和构建高精尖产业结构的重要抓手。北京专精特新中小企业的蓬勃发展，离不开一系列改善融资环境政策举措的大力支持。

1. 产业园区

党的十八大以来，北京深入贯彻落实创新驱动发展战略，坚持服务国家战略需求，立足首都功能定位和非首都功能疏解，坚持"10+3"高精尖产业发展政策落地，推动"高精尖"产业快速发展。北京经济技术开发区（以下简称"经开区"）立足"四区一阵地"发展定位（具有全球影响力的科技成果转化承载区、技术创新示范区、深化改革先行区、高精尖产业主阵地和宜业宜居绿色城区）。同时，作为"三城一区"中的一区，经开区也成为承接三个科学城科技成果转化的基地，努力在全市构建"高精尖"经济结构中发挥前沿阵地和主平台作用。在具体的发展战略方面，突出企业主体，提升创新能力，同时着力营造创新生态圈，推动创新主体同频共振；致力于做强四大主导产业，建设高精尖产业阵地；做优两大服务产业，促进二三产业融合发展；聚焦数字经济，打造智慧亦庄片区；营造国际化发展环境，进一步扩大对外开放；深化投资领域改革，提升贸易便利化；资金流动便利，深化金融开放创新；加快转变政府职能，持续优化营商环境。

截至2021年，经开区吸引了来自全球40多个国家和地区的3万多家企业，其中包括90多家世界500强投资的140多个项目，形成了产业集群发展的良好态势。目前经开区已经形成"4+2+1"产业体系。由新一代信息技术产业、新能源汽车和智能网联汽车产业、生物技术和大健康产业、机器人和智能制造产业四大主导"高精尖"产业，两大高端服务业、科技文化融合产业以及数字经济产业组成。经开区围绕这7个产业领域分别建立了系统化的政策创新体系，支持企业高质量发展。

北京银行保险产业园是经国务院批准，中国银保监会和北京市政府联手打造的国家级金融产业示范区。按照首都"四个中心"功能定位，北京银行保险产业园作为首都构建"高精尖"经济结构的重要载体，全力建设成为具有全球影响力的金融改革发展示范区，打造长安街上的金融硅谷。

为营造良好的营商环境，促进石景山区扩大对外开放，充分发挥北京银行保险产业园动力引擎作用，推动现代金融产业健康快速发展，努力构建"高精尖"产业结构，依据《关于加快培育发展首都现代金融服务业的若干意见》《北京市人民政府办公厅关于进一步支持企业上市发展的意见》等国家级、市级、区级的有关政策，北京银行保险产业园制定了《关于加快推动北京银行保险产业园创新发展的若干措施》。园区引进以中国银保信、爱心人寿、合众财险、光大永明资管、北京小微企业金融综合服务公司、中国金融电子化公司、方正期货等为代表的金融类机构或组织30余家，涵盖了金融基础设施、保险、期货、金融中介、金融科技等多个金融领域。自2015年园区加速建设以来，入驻机构已累计实现税收超过25亿元，产业培育初见成效。

2. 融资平台

中小型科技企业是中国加快各领域科技创新、掌握全球科技竞争先机的坚实基础，是北京加速培育高精尖产业、推动经济高质量发展的骨干力量。

为了纾解企业资金难以为继的棘手难题，中关村发展集团各成员单位相继出台一系列金融服务和举措，为企业雪中送炭。2020年10月21日，中关村管委会与中关村发展集团联合打造了"中关村企业线上融资服务平台"，该平台以北京中关村科技创业金融服务集团有限公司（中关村金服）为载体，以"信息链、信用链、融资链"三链合一为特色，重点涵盖资本市场融资、供应链融资、信用交易融资三大业务领域。

2022年以来，中关村金服通过融资担保、知识产权租赁、定向融资计划等产品及服务创新，累计为新一代信息技术、医药健康、智能装备等高精尖产业的3 932家科技型企业提供215亿元的金融服务支持，有力支撑了企业的快速成长，为北京市经济高质量发展提供保障。截至2022年上半年，共有27家装备制造、医药健康等高科技企业通过平台获得3.76亿元融资租赁支持，解决了自身短期流动性的燃眉之急。中小微企业直接去银行贷款，往往会因抵押物不足、信用记录有缺等原因而难以成功贷款。2022年，中关村金服制定的"纾疫通"支持方案，通过融资担保新增服务规模达20亿元，受益企业中小微企业占比达八成。另外，还有13家中关村高精尖领域科创企业在中关村发展集团的助推下在资本市场发行私募债券，获得5.05亿直接债权融资支持。线上融资平台积极运用大数据手段，为科创企业开通了基于基础认证便可进行自动评审的"快通道"，助力企业基于自身信用获得贷款，帮助更多企业便利、快速地获得贷款。

3. 资本市场

我国资本市场可分为场内市场与场外市场两个部分。场内市场中一板市场为主板，二板市场为创业板和科创板；场外市场中三板市场为全国中小企业股份转让系统（俗称新三板），四板市场为区域性股权交易市场。在北京证券交易所成立之前，我国的多层次资本市场体系主要是由这四个板块共同组成。四个板块因其成立目的和服务对象不同，具有各自不同的定位，发挥不同的职能作用。

主板市场主要为资本规模较大、盈利能力较为稳定的大型成熟企业服务。创业板市场主要为无法在主板市场上市融资的创业型企业、中小企业和高科技企业提供融资服务。科创板市场主要为符合国家战略、突破关键核心技术、市场认可度高的科技创新类企业提供服务。新三板主要以机构投资者和高净值人士为参与主体，为中小企业提供融资、交易、并购、发债等功能的股票交易场所。区域性股权交易市场是私募市场，主要为特定区域内的企业提供股权、债券的转让和融资服务。不同板块市场对比如表3.5所示。

表3.5 不同板块市场对比

板块市场	特点
主板	主板市场对发行人的营业期限、股本大小、盈利水平、最低市值等方面的要求标准较高，上市企业多为大型成熟企业，具有较大的资本规模以及稳定的盈利能力
新三板	新三板分为精选层、创新层和基础层，主要以机构投资者和高净值人士为参与主体，为中小企业提供融资、交易、并购、发债等服务

续表

板块市场		特点
二板市场	科创板	科创板主要服务于符合国家战略、突破关键核心技术、市场认可度高的科技创新企业。重点支持新一代信息技术、高端装备、新材料、新能源、节能环保以及生物医药等高新技术产业和战略性新兴产业
	创业板	创业板主要为无法在主板市场上市融资的创业型企业、中小企业和高科技企业提供融资服务。在创业板市场上市的公司具有较高的成长性，但往往成立时间较短，规模较小，业绩也不突出，但有很大的成长空间
四板市场：区域性股权交易市场		私募市场，主要为特定区域内的企业提供股权、债券的转让和融资服务

在补链强链需求迫切、全球产业链体系趋于重构的背景下，"专精特新"中小企业也成了北京产业向"高精尖"方向转型升级的重要抓手。在国家专精特新企业名单中，中小型企业占据专精特新企业的绝大多数，作为新三板融资平台的主要服务对象。但在新三板的发展中，板块市场存在着市场估值低、流动性不足、市场准入门槛高、投资者数量受限、做市商制度不合理等方面的问题，并不能很好地为专精特新企业提供帮助，发挥金融支持的关键作用。

2021年北京证券交易所正式开市。北交所的成立为"专精特新"中小企业带来了新的发展环境。北京证券交易所的建设立足于服务符合国家经济发展需要的"专精特新"企业，目的在于为"专精特新"企业提供一个门槛较低，市场活跃，能够真正为"专精特新"企业提供发展急需资金的市场平台。这对于推动我国经济高质量发展具有十分重要的意义。"一个定位、两个关系、三个目标"简洁地概括了北交所的定位及作用。北交所坚持服务创新型中小企业的市场定位，协同沪深交易所、区域性股权市场互联互通，发挥好转板上市功能，同时与全国中小企业股份转让系统统筹协调制度联动，维护市场结构平衡。北交所的目标在于：其一，补足多层次资本市场发展普惠金融的短板，构建全面契合的创新型中小企业发行上市、交易、退市、持续监管、投资者适当性管理等基础制度。其二，形成相互补充、相互促进的中小企业直接融资成长路径，发挥自身在多层次资本市场中的纽带作用。其三，培育专精特新企业，并形成创新创业热情高涨、合格投资者踊跃参与、中介机构归位尽责的良性市场生态。

截至 2022 年 10 月 9 日，前三批专精特新"小巨人"中有 760 家企业已完成上市，公开发行募集资金 3 068.72 亿元。其中，有 162 家在沪深主板上市，237 家在科创板上市，327 家在创业板上市，30 家在北交所上市。

4. 外资引入

中国经济正处于从数量性增长向质量性提升的阶段，经济的高质量发展体现了国内市场的巨大潜力，对外资保持着强大的吸引力。2022 年上半年高新技术产业实际使用外资增长 33.6%，高新技术制造业增长 31.1%，高新技术服务业增长 34.4%。

首都高质量发展，需要高精尖产业打基础。2021 年，继"八大工程"之后，北京再推 16 项举措，鼓励民营、外资企业及国有企业等主体积极投资符合首都城市战略定位的高精尖产业，从融资、资金、空间等角度为各种具体的工程提供制度、机制方面的保障，更好护航北京高精尖产业的行稳致远。在完善制度引导的基础上，北京也在吸引外资方面展开了多项扶持政策。2022 年北京发布了关于支持外资研发中心设立和发展的规定，目前已认定英特尔、阿斯利康、日立等 29 家外资企业为本市首批外资研发中心，其中近七成集中在信息技术、医药健康、人工智能等高精尖产业领域。

同时北京正在大力建设国家服务业扩大开放综合示范区和设立以科技创新、服务业开放、数字经济为主要特征的自由贸易试验区。针对高端产业片区，要拓展增量、稳住存量。增量方面，加大力度梳理潜在项目清单，滚动储备制造业利用外资项目，做好全流程跟踪推进；存量方面，将支持外资制造业企业增加投资，实施产业转型升级和技术改造，摸排龙头企业产业链推动配套项目落地北京，服务解决企业生产经营重难点问题，稳定企业在京发展。在国家服务业扩大开放综合示范区和中国（北京）自由贸易试验区建设带动下，海淀区对外资吸引力凸显。2021 年，海淀区实际利用外资 62.43 亿美元，同比增长 10.30%，全市占比 40.12%，居全市首位。2022 年 1 月至 7 月，实际利用外资 60.55 亿美元，同比增长 47.9%，全市占比 44.6%；合同外资 1 000 万美元以上大项目新设 12 家、增资 34 家次。大兴区作为全国唯一一个同时拥有国家服务业扩大开放综合示范区和两省市自贸试验区政策的优势区域，不仅有高端产业片区，还有大兴机场片区和服务业扩大开放重点园区——北京中日创新合作示范区，将紧抓"两区"建设机遇,充分发挥世界级航空枢纽机场的规模优势和区位优势,通过临空经济区、自贸试验区、综合保税区"三区"耦合发展,打造全球创新资源接驳地,将片区建设成为科技成果转换承载地、战略性新兴产业聚集区和国际高端功能机构聚集区。截至 2021 年,近三年大兴区实际利用外资增速在 20% 以上,2021 年实际利用外资已达 1.5 亿美元,同比增长 21.7%。

三、银行业支持北京高精尖产业发展

高精尖企业在外部融资时最重要的途径就是通过银行的信贷融资获得资金,同时银行借贷的促成也会间接为该企业发出其信用良好的外部信号,进一步帮助其以较低的融资成本在资本市场上进行融资活动。而银行作为金融机构,其本职工作就是向企业提供信贷资金等金融服务。此外,银行本就掌握着有关企业业务来往的相关信息,能够通过账户的交易记录获取更有价值的企业偿付能力的私有信息,相较其他金融服务机构来讲更具信贷优势。就此,北京各大银行高度关注高精尖产业的放贷对产业结构搭建的重要作用,并及时针对高精尖企业信贷的贷款标准、贷款要求,乃至信贷产品本身做出适当性完善和创新,以适应高精尖产业发展的特征和趋势,助力北京高质量发展。

1. 国家政策性银行

国家政策性银行一直是落实"金融服务科技创新"的领头人。首先,落实国家制定的金融政策是国家政策性银行的使命。国家政策性银行在"银政企"合作支持科技创新发展中发挥至关重要的作用。国家政策为高精尖产业发展指明道路,银行则起到政策传导纽带的作用,将资金贷给需要帮助的科技创新企业,企业在资金支持下进行研发创新最终投入生产,促进经济发展。而相较于其他银行,企业一般会更偏向于选择国家性政策银行寻求金融支持,政策银行则能够凭借着其自身拥有的高公信力、强执行力成为实现这一政策落实的最有力途径,并在取得优异成果后为市场上其他银行发挥示范作用。其次,满足企业的信贷借款需求是其本职。作为金融机构,国家政策性银行针对高精尖企业特点创新合适的金融产品,为高精尖企业提供资金支持,服务于实体经济是本职工作。同时其依靠财政资金支持较其他机构有着更强的募资能力和抗风险能力,故在落实金融支持高精尖产业发展过程中能提供更大的支持和发挥更大的

推进作用。最后，推动创新研发与实际生产力转化的实现是其优势。足够的资金支持只是企业进行科技创新的前提条件，真正研发成果的创造，以及其后成果落地实现产业化才是实现高精尖产业高质量发展的重要途径。然而许多企业并没有所需的生产能力，只能将其科研成果进行租赁售卖。这时作为资金供给方的政策性银行便在获取成果信息上占据优势地位，同时利用其政府背景更易牵线搭桥，与国有资本控股或参股企业开展合作，将研发成果真正投入生产，既能避免研发成果的垄断，又能促进高精尖产业的整体发展。所以国家政策性银行在传导实施国家金融政策方面发挥着不可或缺的重要作用。

为贯彻推进北京十大高精尖产业布局，落实北京"科技创新中心"的总体定位，中国进出口银行北京分行于 2018 年 12 月 25 日与北京市经济和信息化局达成战略合作，结合双方在政策性金融服务和实体产业统筹协调的优势，致力于加快培育高精尖产业，深化金融服务实体经济，推进首都经济高质量发展。截至 2020 年 6 月，中国进出口银行北京分行对高端制造业的贷款投放已达上万亿规模。2020 年 10 月 28 日，中国进出口银行北京分行又联合北京经济技术开发区营商合作局、商务金融局，在北京亦庄经济开发区举办了"支持高端产业区银企对接会——中国进出口银行专场"活动。通过线下对接交流，使亦庄高端产业区及区内企业与银行间联系更为紧密，进一步促进经济转型以及支持产业发展。2022 年 7 月，为响应中国人民银行设立科技创新再贷款，以引导金融机构加大对科技创新的支持力度，撬动社会资金促进科技创新的号召，中国进出口银行北京分行还在第一时间将科技创新再贷款的相关政策向符合条件的科技创新企业进行宣讲，迅速实现与企业的精准对接。最终以该行向北汽福田汽车股份有限公司提供资金支持，助其在自动驾驶、智能网联等方向上的创新升级，实现了首批科技创新再贷款落地发放。未来中国进出口银行北京分行将继续坚定贯彻新发展理念，持续优化金融资源配置，不断加大对科技创新企业支持力度，以优质金融服务助力我国产业基础能力和产业链现代化水平的提升，助力稳定宏观经济大盘。

同样作为政策性银行的国家开发银行，始终贯彻"既要支持经济建设，又要防范金融风险"的方针，针对国家产业政策和区域发展政策中的重要产业领域提供专项融资服务，集中资金支持重点项目建设。此次响应我国加大科技创新支持力度的要求同样也不落人后。据统计，国家开发银行北京分行落实对北京市科技创新和制造业高质量发展加大支持力度的政策，仅 2022 年上半年就已发放制造业贷款 182 亿元、战略性新兴产业贷款 129 亿元、科技创新和基础研究贷款 39 亿元，发放转贷款 30 亿元，围绕"专精特新"等领域提供融资支持。

2022 年 3 月 17 日，国家开发银行北京市分行还与北京市经济和信息化局签署了《"十四五"时期开发性金融支持北京市高精尖产业发展合作备忘录》，强调要强化政银的多层次、深层次合作，充分发挥各自优势给予相关企业金融服务支持。双方于 8 月 22 日共同发布"首都产业强链筑基"专项合作金融产品，其中包括中长期贷款、流动资金贷款、投贷联动和开发性金融工具共四项金融产品。中长期贷款主要针对项目研发周期长的特点，在贷款额度和贷款期限上给予放宽；流动资金贷款则以其审批流程快捷为主要优点，致力缓解由于企业短期资金流转困难的阻碍；投贷联动更是在一定程度上拓宽了企业的融资渠道，在贷款的同时伴随股权投资的介入；而开发性金融工具通过补充项目资本金加快项目落地速度。这四类产品均围绕首都产业链强链补链和筑基工程目标任务、重点领域、重点企业和重点项目设立，针对行业发展的现实困难，在信贷额度、信贷利率、信贷期限等方面进行帮扶，以求通过定制化金融产品服务优化高精尖领域信贷资金的配置，为首都科技创新企业带动高精尖产业发展和整体经济的高质量发展提供新动能。"首都产业强链筑基"专项合作金融产品如表 3.6 所示。

表 3.6 "首都产业强链筑基"专项合作金融产品

产品名称	产品简介	适用范围	产品特点
中长期贷款	贷款期限在 3 年（含）以上，以项目收益作为主要还款来源，以企业自由现金流作为补充还款来源	开展项目建设、技术研究和产品量产开发、兼并收购的企业	贷款额度大：可达千万至数亿元人民币 贷款期限长：5~15 年 贷款利率低：一般不高于同期 LPR
流动资金贷款	为满足企业正常生产经营周转或临时性资金需要，以企业未来综合收益和其他合法收入等作为还款来源的贷款	进入运营期、有较为稳定经营收入的企业	审批周期短：开辟绿色审批通道 贷款期限灵活：1~3 年 贷款利率低：一般不高于一年期 LPR

续表

产品名称	产品简介	适用范围	产品特点
投贷联动	由国开金融全资子公司——国开科技创业投资有限责任公司对企业进行直接投资或持有认股期权，国家开发银行北京分行为企业提供与股权投资相结合的贷款	高成长性、具有股权融资意向的科技型企业，企业具备高新技术企业资质、正常生产经营3年以上，净利润不得连续3年为负	股债协同：满足企业多元化融资需求 贷款期限长：中长期贷款5~15年，流动资金贷款1~3年 贷款利率低：一般不高于同期LPR
开发性金融工具	可用于补充项目资本金、但不超过全部资本金的50%，或为专项债项目资本金搭桥	中央财经委员会第十一次会议明确的五大基础设施重点领域，重大科技创新等领域，其他可由地方政府专项债券投资的项目	补充资本金：有利于满足到位的政策要求，推动项目尽早开工，撬动更多社会资本参与

2. 商业银行

2019年颁布的《中国银保监会关于推动银行业和保险业高质量发展的指导意见》明确，"以服务实体经济作为金融发展的出发点和落脚点，引导更多金融资源配置到经济社会发展的重点领域和薄弱环节"。从党的十九届五中全会确立建设科技强国的重要战略目标，明确坚持创新在我国现代化建设全局中的核心地位，把科技自立自强作为国家发展的战略支撑，到"十四五"规划中将"坚持创新驱动发展，全面塑造发展新优势"列在首位，北京更是将高精尖产业发展划为重点，提出北京发展高精尖产业的规划措施，以落实首都战略定位。科技创新的重要性不言而喻，此背景下越来越多的商业银行主动服务于科技创新等高精尖产业实践的原因不再局限于跟随政策导向，更多的是看到了其中隐含的发展机遇。

第一，外部政策环境的优化会带来更多的红利。上文中提到北京市政府及各区政府为加快首都高精尖产业结构建设，对目标企业加大力度实施资金补贴、税收优惠等政策，同时对扶持高精尖产业的相关金融机构同样给予一定红利补贴。

这期间随着政策引导不断深入，相应的红利政策也接踵而来。顺应其时，商业银行大力推进金融服务支持高精尖行业发展也享有更大的优惠红利。

第二，科技能力不断提升的产业发展趋势会带来更多的资金需求。伴随我国科技产业结构调整和改革的不断推进，我国总体科技创新实力已得到显著增长，许多传统产业已经向技术高级化和现代化进行转变。科创行业的蓬勃发展也带来更多的资金需求，同时为商业银行作为资金供给者创造更多的业务机会，推动商业银行将其自身业务逐渐与高精尖产业发展相结合，促进金融服务与行业协调发展。

第三，在资本市场改革和业务混合化的背景下增强自身竞争力。我国多层次资本市场体系的形成，为科创企业创造了丰富的融资渠道和健康的融资环境，这时商业银行仅依靠过去利息差进行盈利已经不能满足其经营所需。在资本市场不断深化改革的背景下，紧跟科技创新发展趋势，调整经营方案将商业银行经营前景与创新发展的必然趋势相融合，针对高精尖行业推出创新金融产品服务，这些将会成为未来提高商业银行自身价值和核心竞争力的关键。

最为典型的是中国银行北京分行，其于1979年成立，自成立起便紧紧围绕首都发展战略，为首都建设发展和经济转型升级提供动力。在支持大兴国际机场建设、向通州地区输送"金融活水"、助力雄安新区建设、为"一带一路"跨境金融服务提供新动能等北京重点发展项目中贡献力量。2019年8月8日，中国银行北京分行与北京市人民政府签署全面战略合作协议，为支持北京建设高精尖经济结构、打造全国科技创新中心，承诺未来五年内辅以多元化的金融产品向相关重大领域项目建设提供至少4 000亿的融资支持。在2020年9月28日北京自贸区高端产业片区正式设立的首日，中国银行北京分行便作为领跑者为片区内企业提供金融服务，更是建立专项工作组紧密围绕高精尖产业链与创新链，结合片区内企业实际需求痛点不断优化服务方案，在切实解决企业难点，配备适当优惠红利政策等方面发挥政府和企业之间的纽带作用，为企业研发创新打造通路。"十四五"规划提出后，科技创新更加受到重视。中国银行北京分行在学习研究北京市促进高精尖产业发展和建设科技创新中心等一系列政策措施后，制定发布《中国银行北京市分行科技金融"十四五"行动方案》，推动科技金融战略发展，提出"要加大对于高精尖行业及科创类企业的支持力度总少不了它的影子，通过构建多元融合化业务推进体系，打造全生命周期产品服务体系，完善全方位综合配套保障体系等一系列措施打造培育扶持科技企业发展的良好生态"。切实推出"惠如愿·专精特新贷""中银知贷通"等专属信贷产品,解决高精尖类企业资金短缺难题。在 2021 年 12 月 16 日,该行又与北京经济技术开发区就"十四五"期间金融业发展达成战略合作,签署《"十四五"时期战略合作协议》,通过提供融资支持等多元化金融服务,强化金融服务创新和高精尖产业主阵地建设。截至 2022 年 9 月,中国银行北京分行对国家级高新技术企业、科技型中小企业的贷款余额总量已超 500 亿元规模,授信客户数 1 500 余户。在未来,中国银行北京分行还许诺将充分发挥其专业领域优势,通过更加精准、高效的产品服务支持科技企业发展,推动服务实体经济提质增效。

作为民营银行的代表,2017 年 6 月 6 日正式开业的北京中关村银行不仅是北京第一家成立的民营银行,同时也是首家专注服务科技创新的银行。在 2017 年及之前,中关村示范区每年都有 2 000 亿元的企业信贷融资需求不能得到满足。在整体科技型企业融资难、融资贵的大背景下,中关村银行应运而生。董事长郭洪在创立之初便指出该行以"三创"(创客、创投、创新型企业)为服务目标,以科技金融为特色,利用其优质股东资源和科技企业资源服务创新创业,为北京产业转型、建设科技创新中心献力。在同年由其发起的"中关村前沿科技创新大赛"上,北京中关村银行也表述其作为创业者银行,致力成为前沿科技的金融实验室和推动行业转型升级的金融助推器的决心。从 2017 年到 2022 年,每一届前沿科技创新大赛都少不了北京中关村银行的支持,因此大赛又被称为"中关村银行杯",以显示该行对优质科创企业团队的大力扶持与重视。在此期间,该行不断推出"惠才计划""创知贷""专精特新贷""投贷联动"等特色金融产品,针对专精特新等中小企业提供定制化金融服务,并获得"2022 中国金融创新奖"。中关村银行更与全国股转公司、北京证券交易所、中关村协同创新基金、中关村科技租赁、邮储银行陆续达成战略合作关系,以融合多方优势适应不同阶段的发展需求,实现金融与科技的共赢。截至 2022 年,北京中关村银行在科技金融方面共服务科创企业、科技型企业 284 户,投放贷款金额 116.14 亿元,支持服务早期科创企业 135 户,发放认股权贷款 337 笔,投放贷款金额 27.11 亿元。在场景智慧金融方面,中关村银行已支持服务民营、小微企业 77 507 户,投放贷款金额 74.53 亿元。在成立五年之际,北京中关村银行也正式乔迁至北京自贸区科技创新片区的核心位置,站在集成电路、人工智能、量子信息等战略新兴产业聚集地中心，为北京高端科技创新、高精尖产业发展继续添砖加瓦。

除此之外，其他商业银行在支持北京高精尖产业发展上也有所建树。中国工商银行北京市分行在2017年前便开始尝试金融支持高精尖产业，并提出"一站式"金融服务模式，针对不同企业特点实施定制金融服务。截至2017年6月末，其对"高精尖"等科创企业的融资总额接近1 200亿元，贷款户数更是超过1 000户，实现了高端战略领域的金融服务全面覆盖。

将自身定位为"北京的银行"的华夏银行更是积极参与"科技北京"战略建设。2016年便设立华夏银行中关村管理部，打造"科技金融服务新模式"。至2021年已累计为1 500余家中关村企业提供融资支持，总额超过1 000亿元。华夏银行制定《华夏银行支持北京建设国际科技创新中心工作方案》，围绕北京国际科技创新中心建设提出20项举措支持。同时华夏银行与中关村发展集团、首都科技发展集团达成战略合作，聚焦"专精特新"等科创企业，量身设计创新金融服务方案，参与科创接力基金、中关村投贷联动母基金等的设立，在自贸区创新片区建设、经开区主导产业落地等方面提供大力支持，为支持首都高质量发展贡献华夏力量。

同样作为"首都银行"的北京银行，也在不断升级科创金融供给。北京银行制定《北京国际科技创新中心服务方案》，推出"高精尖双益贷""专精特新领航贷""科企贷"等特色金融产品服务，加大对高精尖企业的支持力度。截至2021年10月，其科技金融贷款余额达1 694.3亿元，共服务北京市近50%"专精特新"企业，服务北京市75%的创业板、71%的科创板、75%的北交所上市企业以及70%的新三板创新层挂牌企业。

北京农商银行作为北京本土金融机构，为落实首都在科创领域的相关政策要求，2022年也出台了《北京农商银行服务首都"四个中心"建设，支持科创领域高质量发展指导意见》。其中涉及鼓励北京各支行针对高精尖产业放宽准入标准、降低信贷成本、完善优化担保措施、设立专属营销团队等21项工作举措，强调以健全的配套机制和差异化的金融服务支持北京市科技创新企业，实现新阶段的转型高质量发展。

四、资管业支持北京高精尖产业发展

除上述银行类金融机构对高精尖企业融资提供帮助外，社会上仍然存在大量没有被居民储蓄的闲散资金。为引导个人将手中小规模的闲散资金支持区域重点发展战略建设，资产管理行业应际而生。其主要通过基金等金融产品，将个人手中的钱聚集起来形成大规模资产，聘请专业投资人员，运用投资组合等资产管理手段将资金投入目标产业、流向实体经济，再将投资收益反馈给资金提供者，最终实现个人资产的充分运用，提高社会资金效率，推动社会产业经济发展的双赢结局。自 2018 年"资管新规"及相关细则发布后，我国资管行业也正式进入规范化发展阶段。根据中国证券投资基金业协会数据显示，2021年我国资产管理业务产品数量共有 167 961 支。截至 2021 年年底，我国资管市场规模达 134 万亿元，资管规模和金融机构总资产规模比约是 35%，可见资产管理业务已经成为我国金融市场的重要组成部分，在跟随国家经济社会发展大局，加大对"专精特新"中小企业等领域和高精尖行业的投资支持方面发挥的作用也不容小觑。

1. 北京资产管理协会

北京资产管理市场极具发展深度。从资金供给来看，被定位为国家金融管理中心的北京，在 2018 年年底，其区域内金融资产已达 148.63 万亿，占全国金融资产总量的 50.6%，该数字意味着我国一半以上的金融资产由在京金融机构管理。同时作为全国唯一的服务业扩大开放综合试点城市，不仅国家金融管理部门、各大金融机构总部都聚集于此，许多外资金融机构更是将北京作为步入中国的首选地，橡树资本、高盛公司、保诚集团等都已在京设立旗下机构。大量的资金积聚加上丰富的资产管理主体，北京在中国资产管理产业格局中的作用举足轻重。从资金需求来看，京内科创板、新三板企业数量居全国首位，全国 1/2 的独角兽企业都坐落于北京，创业投资和股权投资领域的投资案例和金额也一直占全国 1/3 左右。且伴随科技创新、金融科技的兴起，金融科技示范区、金融科技研究院等在京的设立。凭借金融、科技领域的双重优势，北京正在吸引越来越多的科技金融创新项目在京落地，在"高精尖"的产业定位下也将有更多的企业寻求资金支持，为资管产品提供丰富的资产配置选择，为资管行业营造良好的生态环境。

基于上述优势，2020 年 4 月 18 日，北京资产管理协会在京正式成立。该协会由多家银行理财子公司等重量级资产管理机构发起，首批创始会员共 60 家，横跨银行、证券、保险、基金、信托等多个行业,总资产管理规模达数十万亿元。北京资产管理协会是国内首家"大资管"行业区域性自律组织,代表了我国资产管理行业整体实力,也是名副其实的资产管理行业的"国家队"。该协会的成立有助于借助北京资管总部聚集和丰富资金供给的优势,进一步培育金融业高质量发展,引导资金流向实体经济,对高科技成长性企业的投资提供便利通道,促进北京高精尖产业的健康发展。在2022年9月举办的中国国际服务贸易交易会上北京资产管理协会也响应"绿色创新合作共赢"并参展。

2. 资产管理业务环境

2014年6月,国务院印发《国家集成电路产业发展推进纲要》,鼓励国内集成电路的发展。为支持我国芯片产业发展,同年9月24日国家集成电路产业投资基金(简称大基金)成立。该基金由国开金融、中国烟草、亦庄国投、中国移动、上海国盛、中国电科、紫光通信、华芯投资等企业共同发起,以集成电路芯片制造业和芯片设计等产业作为其投资重点,力求帮助我国集成电路产业突破科研技术瓶颈,实现企业自主创新升级。大基金总共有两期,第一期时间为2014—2019年,在五年间投资近60家企业,累计有6 500亿元投入芯片产业。第二期于2019年10月成功注册,继续承接一期的芯片产业链同时兼顾国家战略和新兴行业发展规划。

然而自2019年以来,大基金却负面消息频出,其中主角便是同样参与发起的华芯投资管理有限责任公司。2019年12月中国证监会网站披露了对华芯投资原副总裁高松涛有关内幕交易案的行政处罚决定书,提及高松涛将大基金受让汇顶科技股权的相关内幕消息向其下属透露,使其通过证券买卖获益。[①] 2022年7月30日,大基金总经理丁文武涉嫌违法违纪被中央纪委调查,"打虎"行动正式开始,芯片业反腐风暴正式展开。2022年8月9日,华芯投资又三名高管涉嫌严重违法同时接受调查,发现在其众多的投资项目中存在错综复杂的关联交易,至此华芯投资一半高管被查。同年9月16日,华芯投资副总裁任凯也被相关部门带走调查,成为与大基金相关的第7位落马高管。以上一系列事件的发生一方面说明大基金在近些年中并没有坚持初衷,甚至相关人员在利用其进行牟利,虽然整体在财务投资上获利,但并没有真正做到精准扶持企业实现技术突破。另一方

---

① https://baijiahao.baidu.com/s?id=1717221308923845907&wfr=spider&for=pc

面也说明了政府已经开始针对资产管理行业贪污腐败行为实行强有力的打击，显示了政府致力改善资管业投资环境的决心。

同样为资管行业贡献力量的还有北京远见接力创业投资基金，2021年6月8日正式推出北京第3支S基金，以首期5亿元的规模，主要投向高精尖产业领域的私募股权基金二手份额，为私募股权基金创业投资拓宽退出渠道。作为资本市场金融科技创新试点首批项目，嘉实基金也针对资管行业买卖双方（基金公司与券商）沟通低效的问题，试图以金融科技创新的方式进行优化，致力于提供连接多方的分布式管理平台帮助券商实现一次发布多点服务，并结合"云链一体"底层技术实现对数据资产的保护。

随着资产管理行业投资环境的不断完善，以高精尖产业为导向的创新金融产品不断推出，资管业服务首都高精尖产业发展，助力北京实现科技创新中心战略定位的效率与实力也将不断提升。

五、保险业支持北京高精尖产业发展

北京是保险市场在我国发展开放最早的地区，北京保险业在提升市民集体保险意识、不断提升服务质量、有效防范化解风险等方面交出了令人满意的答卷。2017年至2021年间北京保费收入平均增速为6.6%，做出了保险密度全国第一、保险深度全国第二的实绩。2022年中国保险业高质量发展论坛上，北京市委常委、副市长靳伟指出，要将北京打造成面向全球的保险发展新高地的新行业发展策略目标。"十四五"规划中也正式提出"把做强做大保险业放在首都金融业发展的突出位置，支持保险机构不断提升服务实体经济、城市建设和社会民生质效，推动保险业高质量发展迈上新台阶"。在科技高速发展、市场经济规模不断扩大、社会结果日益复杂的现实环境下，保险业在首都经济运行与社会治理平稳、首都金融业创新稳健发展和科技型企业风险保障上发挥了坚实的后盾作用，同时在北京也逐渐占据了不容忽视的地位，成为首都高质量发展的助推器。

科技型企业保险的存在，一方面有助于缓解企业创新的畏难情绪。企业进行技术创新升级是一种高风险的尝试，并不是每一次研发投入都会获得相应的回报，其中涉及研究成果获得、研究成果保护、成果转化生产等一系列流程，这中间的沉没成本有时甚至会令企业整体陷入困境，令许多企业望而却步。专项保险产品的诞生实际上是对创新企业的一种保护。针对企业特点构造配套保障服务，专项保险产品为企业消除了后顾之忧。另一方面，科技型企业保险的存在也有利于缓解融资问题。银行等资金供给方在向科创企业放贷时总会因为高不确定性和自身不良负债率监管的限制，而偏好少借款或拒绝借款。保险对于资金融出方来说也是一种事后的交付保证，为以后银行等金融机构扩大对高精尖等科创企业注资提供保障。

北京作为科技保险的首批试点城市，截至2019年，保险业已累计服务科技型中小微企业1500家，提供风险保障2300亿元，赔付支出4660万元。2021年12月29日中国保险行业协会针对"十四五"规划发布《保险科技"十四五"发展规划》，对保险业科技化发展和提高服务质量以切实服务国家战略进行针对性规划。2022年6月，在随着科技创新不断发展，知识产权类案件频出的背景下，浙江省率先发布了《知识产权保险创新试点改革方案》，推出了知识产权保险创新产品，并带动北京针对此类险种的深度探索。2022年9月5日，为推进中关村国家自主创新示范区开展高水平科技自立自强先行先试改革，北京银保监局、北京市科委、中关村管委会、北京市金融监管局、北京市经济和信息化局、北京市知识产权局五部门联合发布了《关于北京保险业支持科技创新和高精尖产业高质量发展的通知》(以下简称《通知》)配套政策，以"以首都发展为统领，以推动高质量发展"为主题，以改革创新为动力，充分发挥保险业在服务科技创新和高精尖产业发展、支持现代产业体系建设方面的积极作用，助力高精尖产业质量、能量、体量"三量提升"作为指导思想，立足北京战略建设目标，力求以园区作为试点，落实科技创新企业保险支持服务，抓紧北京市科技创新创业和高精尖行业需求，服务北京发展布局。《通知》主要涉及知识产权保护、创新全周期保障、企业转型升级、医疗健康、战略性产业、绿色金融六个方面的服务能力提升要求，建立起全方位覆盖的保险保障机制，并建议保险公司设立科技保险专营机构，从更专业、更专注的角度上为企业制定特色保险服务。至2022年9月，北京保险业在服务产业发展上已有突出成绩，共支持20家制造业单项冠军企业和312家重点领域中小微企业，并为21个重点产业的3366件专利提供保险服务，总体保障金额规模超过33亿元。《通知》聚集保险服务科技创新重点领域要求的内容如表3.7所示。

表 3.7 《关于北京保险业支持科技创新和高精尖产业高质量发展的通知》
聚焦保险服务科技创新重点领域要求

主体要求	具体内容	服务目标
提升保险服务知识产权保护能力	持续开展专利类、商标类执行保险及被侵权损失保险等业务，探索研发境外知识产权保险产品；为投保企业提供知识产权保护教育培训，开展专利分析、专利导航、风险管理等增值服务	降低企业维权成本，助力科创企业"走出去"。帮助企业提升知识产权运营管理水平、优化专利布局、防范法律诉讼风险及其他关联风险，增强企业知识产权保护能力
为企业提供研发创新全周期保险保障	建立覆盖企业技术创新、产品研发、成果转化、信用融资全周期的保险保障机制，在风险可控的前提下开展关键研发设备险、成果转化费用损失保险、贷款履约保证保险等创新业务	服务高精尖产业发展，为北京研发、津冀制造的科技型企业提供跨区域保险支持
支持传统制造业技术创新转型升级	创新产品服务，对传统制造业企业实施智能化、绿色化技术改造项目的融资担保等给予保险保障支持；开发完善企业财产保险、营业中断险、产品质量责任保险等保险产品，提供更加全面风险保障支持；对于优质高精尖制造业企业给予合理匹配的保险费率优待，简化承保手续，提高保险理赔效率	推动传统产业转型升级发展
加大医疗健康产业保险保障力度	为企业提供定制化一揽子保险服务方案，为医疗科技成果转化提供全方位保险保障；开展康复辅助器具产品质量责任保险业务，创新医疗保险产品，将康复辅助器具配置、细胞和基因治疗新技术、新药物纳入保险保障范围	在服务新药品、新器械、新健康服务三大方向发力，持续推动临床试验类责任保险发展；支持健康产业发展，不断拓展医疗保险覆盖面

续表

主体要求	具体内容	服务目标
加大战略性产业保险支持力度	深入挖掘集成电路、航空航天、智能网联汽车、现代种业等战略性产业的保险需求，重点覆盖科技研发、装备购置、成果转化、产能扩张等领域风险，开展集成电路研发设计类保险、航空航天类保险、三首类保险（首台套、首版次、首批次）等业务创新，持续创新种业保险产品	满足重大项目、重要企业的保险需求，完善再保险安排，提升风险总体承受能力，加快形成长效保障机制
助力绿色金融体系建设	开展环境污染责任保险、绿色建筑性能保险、绿色信贷保证保险、绿色产业产品质量责任保险、环保设备财产保险等绿色保险业务	加强绿色产业发展和传统产业绿色升级改造等领域的支持力度，主动与政府部门合作，为北京市绿色企业、绿色项目提供保险服务

第三节　金融支持北京高精尖产业发展现存问题

目前，北京市金融支持科技创新活动也存在着一些有待改善与解决的问题。

第一，中小型科技企业作为高发展新动能、创新活力源泉，普遍存在着信息披露较为困难、信息披露程度不足、监管难度较大、监管成本较高的问题。北京市的中介机构，如提供评估服务的第三方评估机构、提供信用担保服务的信用担保机构等，在数量与质量方面不足以满足这些中小型科技企业的需求。同时，由于国家政策对于科技创新的大力支持，各种补贴、税收减免、利率优惠的措施倾斜，部分企业出于功利性目的，会产生欺瞒行为，通过申报科技创新项目获取资金以扩大生产规模或缓解资金紧张问题，诱发道德风险问题。因此，金融机构出于对信息不对称和道德风险的担忧，会选择谨慎对待中小型科技企业贷款。

第二，在科技创新政策传导方面也需要不断完善。国家政策的落实需要经历多个流程与环节。一方面，在金融机构中，下发的政策从中央银行传递至商业银行，再由商业银行根据现实所处市场环境，选择合适的金融支持服务。以营利为目的的商业银行往往在反应速度上落后于政策性银行，因此导致政策落实的时效性不足与资金的审核发放效率较低。这对抗风险能力较差、公司规模较小且急需资金支持的科技创新企业产生巨大影响，致使其无法在承受能力内完成自身科技成果的落地与转化，而不得不面临资不抵债乃至破产的窘境。另一方面，在科技创新企业中，支持政策往往通过政策公布或上下级传达形式传达，存在着信息传达不到位、信息传递不及时的问题。而对于政策的解读能力，不同企业因人而异，存在着对于政策理解不到位的情形。这就导致支持政策的信息传达在企业层面不顺畅，企业难以享受优惠政策的好处，致使不公平竞争的发生。

第三，科创新型企业因其创新特质和金融机构短视问题，仍面临着融资难融资贵的困境。由于创新活动的不确定性，往往研发周期漫长、回报较晚，而机构放贷往往审核周期较长、要求的回收周期较短，科技创新型企业与传统信贷模式并不完全相配。商业银行在选取放贷衡量指标时，仍局限于企业现有规模、现有资产、抵押担保等项目指标，忽视企业增长潜力、核心技术及知识产权等指标，并明显偏向于处在企业生命周期后期的科创企业，导致成长初期的科创企业难以获得贷款支持。此外，创新型企业普遍存在轻资产无抵押、少业绩做支持、无盈利不稳定的问题，并且传统贷款业务的信贷风控模型难以匹配其风险特征。因此金融机构发放贷款的意愿不强、动力不足。

第四，由于国际环境的复杂多变，金融开放政策对于外资投入的影响效果有限。金融开放、增加资金供给对于高精尖产业发展有着重要的意义。然而当前国际形势正发生着深刻的变化，新一轮科技革命和产业变革正在重塑全球经济结构，"逆全球化"趋势打破了原有国际生产分工格局，中美贸易摩擦频发，中美及中国与其他发达国家在投资、技术等领域合作受阻。外资基于种种原因对国内市场投资渠道不畅。另外，北京的外资引进服务设施与制度仍有较大完善空间，专门的机构部门在对接国际化工作时还无法做到及时、精准对接，当前管理运营团队大多属于政府序列，国际化水平和运营效率整体不高。

第五，新三板和北京证券交易所的设立并不能完全满足科技企业高质量发展需要。作为中关村科技园区非上市股份有限公司进入代办股份系统进行转让试点的新三板，目前仍然面临着机构投资者准入限制、投资者人数限制导致的流动性不足和转板机制尚未建立完善的问题。而作为中国第一家公司制证券交易所，北京证券交易所针对"专精特新"科创企业实现高质量发展而专门设立，是全国中小企业股份转让系统有限责任公司，即新三板的全资子公司。但同样，由于起步较晚，制度建设尚不健全，北交所也存在门槛高、适用范围小等问题。因此，场内场外市场的不足也间接导致了科技创新企业获得金融支持的难度上升。北交所在初生之际大放异彩,但同时也面临如何从千万中小企业中筛选出符合政策导向的、有"含金量"的专精特新硬科技企业;面对大量的申请,如何提高审核效率减少积压;一旦上市企业数量庞大,如何进行持续的监管、发现各种违法违规行为,及时进行处罚、退市;考虑到投资者对风险的发现与判断,如何改善承受风险能力低、"死亡率"高、投资风险较高的中小企业信息透明度和信息披露的质量与及时性等一系列问题。新三板和北京证券交易所的投资者与上市公司准入限制如表 3.8 所示。

表 3.8 新三板和北京证券交易所的投资者与上市公司准入限制

市场主体	新三板要求	北交所要求
自然人投资者	申请权限开通前 10 个交易日,精选层、创新层、基础层分别要求本人名下证券账户和资金账户内的资产日均不得低于 100 万元、150 万元、200 万元(不含该投资者通过融资融券融入的资金和证券)。 以下经历满足其一:具有 2 年以上证券、基金、期货投资经历;具有 2 年以上金融产品设计、投资、风险管理及相关工作经历;具有《证券期货投资者适当性管理办法》第八条第一款第一项规定的证券公司、期货公司、基金管理公司及其子公司、商业银行、保险公司、信托公司、财务公司,以及经行业协会备案或者登记的证券公司子公司、期货公司子公司、私募基金管理人等金融机构的高级管理人员任职经历	参与北京证券交易所交易 20 个交易日账户和资本账户财产每天不少于 50 万元的准入门槛
机构投资者	精选层、创新层、基础层分别要求法人机构的实收资本或实收股本、合伙企业的实缴出资总额达到 100 万元以上、150 万元以上、200 万元以上。 此外,符合《证券期货投资者适当性管理办法》第八条第一款第二项、第三项规定的证券公司资产管理产品、基金管理公司及其子公司产品、期货公司资产管理产品、银行理财产品、保险产品、信托产品、经行业协会备案的私募基金等理财产品,社会保障基金、企业年金等养老金,慈善基金等社会公益基金,合格境外机构投资者(QFII)、人民币合格境外机构投资者(RQFII)等机构投资者可以参与全市场股票的发行和交易	不设定资产门槛

续表

市场主体	新三板要求	北交所要求
上市公司	依法设立且存续满两年。有限责任公司按原账面净资产值折股整体变更为股份有限公司的,存续时间可以从有限责任公司成立之日起计算；业务明确,具有持续经营能力；公司治理机制健全,合法规范经营；股权明晰,股票发行和转让行为合法合规；主办券商推荐并持续督导；全国股份转让系统公司要求的其他条件	新三板挂牌满12个月的创新层企业；符合证监会规定的发行条件；最近一年期末净资产不低于5 000万元；公开发行的股份不少于100万股,发行对象不少于100人；股本总额符合要求；持股比例符合要求；市值及财务指标符合要求；北交所规定的其他条件

第六,在金融支持高精尖产业的落实过程中,资金的运用、创新成果的切实产出也凸显出金融支持背后监管仍有待提高。前文提到的国家大基金(国家集成电路产业投资基金)设立的初衷是推进中国芯片产业的发展,扶植中小创新型集成电路产业公司,帮助其顺利度过相关领域科技创新研发的艰难时期,完成研发成果的落地转化,但实际效果不尽如人意。大基金的扶持转化成果并未达到预期,与大基金相关的多位高管纷纷被查落马,这些都说明了在金融支持高精尖产业的过程中存在着先前未被察觉的监管漏洞。

第四节　金融支持北京高精尖产业发展建议

针对北京市金融支持高精尖产业快速发展所面临的现状与问题,本文提出如下建议。

第一,在信息不对称方面,需要进一步发挥政府的政策引导作用。对于企业自身,通过政府的组织协调,搭建起与金融机构沟通的平台,实现信息的充分交流,以缓解金融机构的担忧,并利用政策优势获取金融服务。对于金融机构,一方面针对风控的不适配问题,金融机构可以聚拢专业人才,组织成立专门针对科技创新企业的分支机构或业务部门,开发专门的科技信贷产品,形成专门服务科创企业的业务条线,提升针对科创企业的专业化风控能力。另一方面,加强对寻求金融支持的企业的审核与管理机制,并尽可能兼顾审核的期限与审核质量,以剔除巧立名目、急功近利的企业,将资源提供给真正需要帮助的科技创新型企业,保障科技成果的顺利落地与成功转化。

第二,在政府政策传导方面,应结合高精尖产业自身特征,发挥金融支持政策的普惠性与长期性。着眼于创新、技术攻关的不同阶段,差异化地提供针对不同时间节点的金融支持政策和金融产品,保证金融支持政策的长期性与稳定性。同时,建立畅通的政策传达机制,降低交易成本。减少上下级模式下的政策传达,以确保传达过程中信息丢失或者信息传达不到位的情况发生频率降至最低,并为科技创新企业提供政策解读服务,帮助企业克服政策读不懂、理解不到位的难题。

第三,面对企业融资贵、融资难的困境,可以从以下四个方面入手。其一,针对创新的不确定性,建议成立专门金融支持高精尖产业发展部门或依靠国家政策性金融机构研发探索,优化现有科技类贷款项目,集合央行与银保监会等外部监管部门力量,共同优化高精尖产业融资环境。同时,国家政策性机构也可以直接提供专项科技贷款,为科技型企业提供成本更低的融资途径,并针对专项贷款项目建立全新的适当监管系统,以实现专款专管。其二,简化流程。建议设立北京市金融机构贷款服务综合中心,集合大中小型金融机构,提供首贷、续贷等贷款全流程一站式服务,实现政务信息数据的集合共享。利用数字技术,实现企业贷款申请材料审批核实的电子化、精简化,缩短办理流程的周期。其三,优化信用评价标准。在符合"最小、可用"的数据采集原则和数据保密要求下,建议利用大数据手段整合科技企业信用评价模型,准确评价科创企业,缓解信息不对称,解决中小型科技企业的燃眉之急。其四,实现差异化。针对处于不同发展时期、所处不同领域的科技型中小企业,建议金融机构根据自身禀赋有选择地成立专业子公司为这类科技企业提供贷款投资服务,实现全生命周期的综合服务。同时,充分发挥中关村先行先试"试验田"作用,增强金融支持高精尖发展政策的差别化、导向性和精准度。

第四,在外资引入方面,建议不断完善外资引入政策,吸引外资关注高精尖企业。北京市应当不断深化高精尖产业区体制机制改革，不断提升运营管理团队的国际化水平，通过多种方式持续优化国际化引入外资服务。依托政府机构推介重点外资项目，招募具有国际高精尖企业园区招商背景的第三方公司开展招商引资，组织或参加各类国际性论坛峰会开展推介，以及设立海外联络处等。在全球复杂多变的经济环境大背景下，北京市依然需要努力推进资本市场对外开放，吸取外国现金投资理念，优化投资者结构，提升资本市场资源配置功能，加快推进国内资本市场的市场化改革。

第五，在新三板与北京证券交易所方面，应完善综合金融服务体系，建立"科技成果价值评估+市场+投资基金+政策性担保+科技银行"的科技企业融资模式，支持金融机构与高精尖产业区共同设立特色专营机构服务科技企业，开展科技企业上市培训项目，发行高精尖企业集合债券。同时，规范募集资金计划，强化信息披露监管质量，加强上市公司重大资产重组行为监管。支持新三板和北交所因地制宜，进行与科创企业现实需求相适配的创新，研发更多具有专业针对性的融资工具，探索科技企业融资的新型增信机制，优化科技企业所处信用环境。

第六，在监管落实成果转化层面，应不断完善监管体系与机制，切实关注公司成果转化过程，让资金真正作用于科技创新成果的转化过程，发挥创新驱动力量。对于运用资金的管理方，在关注其自身专业水平的同时也要做好职业道德培训，依法严惩扰乱市场的不当行为。双管齐下，助力金融支持高精尖产业，稳步提升发展效率。

深化金融支持高精尖产业服务，同时也需要多部门发挥协同作用。以科技企业金融需求为核心，银行等金融机构间业务信息互通。律师事务所、会计师事务所、资信评估机构等中介服务机构为金融机构提供多元化服务，形成错落有致、优势互补的良性金融生态。扩大政策措施的"共振"效应，探索首都金融支持高精尖产业新的发展路径。

第四章　金融支持北京高精尖产业发展案例分析

第一节 两个国际支柱产业：构建孵化基地

一、新一代信息技术——北京亦庄经开区

作为国务院确定的七个战略性新兴产业之一——新一代信息技术同样是北京"2441"高精尖产业体系中极为重要的一环。新一代信息技术的主要内容包括：下一代通信网络、物联网、三网融合、新型平板显示、高性能集成电路和以云计算为代表的高端软件，其底层的技术基础、涉及的专业技术以及最新的应用如表4.1所示。

表4.1 新一代信息技术图谱

	人工智能		先进通信网络		超高清视频和新型显示
基础层	智能AI芯片；计算能力平台	基础层	先进网络产品；关键部位研制	基础层	关键原材料；关键工艺设备；高端驱动芯片
技术层	开源框架；新型机器学习；数理与数据融合；可解释人工智能；类脑智能模型	技术层	5G移动通信技术；高性能无线传输技术；6G移动信息技术；网络覆盖扩展；6G网络框架；天地融合技术	技术层	4K/8K超高清视频播录；编辑制作/编辑码设备；核心元器件研发；新型液晶材料；柔性显示薄膜配套能力；微米发光二极管
应用层	城市运行；智慧民生；智慧医疗；智慧教育；智慧交通	应用层	天线系统；高端模数/数模转换器；射频芯片；6G/卫星通信网络系统；元器件；滤波器	应用层	8K超高清视频制作技术；高亮度激光现实技术；智能终端；超高清电视；汽车电子；冬奥会等重大活动
	网络安全和信创		北斗		产业互联网
基础层	基础软件；工业软件	基础层	芯片；板卡；天线	基础层	行业知识；自主技术
技术层	自主安全芯片；国产CPU；工业控制芯片；汽车芯片；可信技术创新；信息安全核心技术	技术层	产业赋能；通信、导航、遥感一体化应用	技术层	智能感化器；边缘操作系统；工业软件；工业芯片；先进算法验证迭代；机理模型

续表

网络安全和信创		北斗		产业互联网	
应用层	操作系统安全；新一代身份认证；终端安全接入；网络空间主动防御与保障	应用层	5G/物联网；地理信息；车路协同；无人系统	应用层	低码开发平台；工业APP；云平台

虚拟现实	
基础层	云化终端；轻薄化光学终端器件
技术层	近眼显示；渲染计算；感知交互；网络传输；内容制作
应用层	文化娱乐；工业互联网；新零售

在新一代信息技术领域，北京以聚焦前沿、促进融合为重点，突出高端领域、关键环节的新一代信息技术优质品牌企业和特色产业集群重点布局在海淀区、朝阳区、北京经济技术开发区。以北京经济技术开发区为例，新一代信息技术产业被列为经开区四大主导产业之一。自始至终，经开区一直在推动数字经济和实体制造融合，以提升制造业的智造水平，在集成电路、信创产业等领域同样承担着核心技术攻关、占领未来产业制高点的战略任务。在已公布的四批北京市智能制造标杆企业名单中，北京经开区企业占到了总数的三分之一，集聚了一批芯片制造、集成电路等新一代信息技术产业龙头企业。据工业和信息化部发布的报告，截至2021年年底，在"十三五"期间，我国发布285项智能制造国家标准，其中北京经开区贡献超1/3，成为智能制造国家标准制定的主力军。

作为企业与金融机构的桥梁，在过去两年，北京亦庄创新发布共举行近30场线下例行发布会，向企业征集和对外发布15批创新发布清单，其中为成长中的中小企业发布75.9亿元的融资需求，并在每场发布会邀请20家左右的金融机构、投资机构关注企业的高精尖项目，为企业搭建与金融机构面对面交流对接的平台，帮助企业解决融资难题。截至2021年9月，已为82家高精尖企业对接战略合作金融机构，促成融资金额45.2亿元，约占需求量的60%。经开区一直致力于帮助尚未完成融资的企业进一步对接金融机构，搭建银企对接平台，帮助企业降成本、提信心,促进金融支持中小企业发展。

除了帮助企业解决融资问题,经开区也已经形成全周期政策扶持体系,围绕着人才、技术、市场开拓、空间保障等多方面,为企业量身定制政策礼包,制定实施了科创 20 条等优惠政策,每年设立 20 亿元人才创新专项资金。为了支持产业发展,通过政策支撑、管家式服务,以龙头企业为牵引,又聚集起了众多上下游产业链企业,形成了良好的产业生态。"链式发展"引发产业"聚变效应",70%企业处于三级集成级水平,从数字化网络阶段向智能化阶段迈进。2021 年,经开区新一代信息技术产业全年产值首次超 1 000 亿元,总量位居全市第一。目前已形成以京东方、中芯国际、北方华创、集创北方等企业为龙头的一批特色产业集群,成为支撑北京工业经济和高精尖产业发展的主要增长极。自 2018 年有统计以来,北京经开区共诞生新技术 494 项、新产品 627 项,一批新技术、新产品填补国内空白,多项技术产品赶超国际领先水平。北京经开区高新技术企业总收入及增速示意如图 4.1 所示。

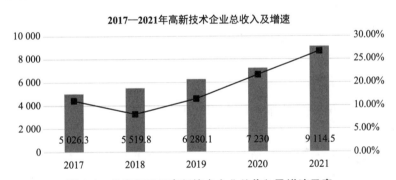

图 4.1　北京经开区高新技术企业总收入及增速示意

以集创北方(北京集创北方科技股份有限公司)为例,其于 2022 年 6 月 30 日正式递交招股书,拟科创板挂牌上市,并计划通过 IPO 募资超 60 亿元,主要用于显示芯片及电源管理芯片的研发及产业化项目,并且还包括建设集成电路测试中心。从发展历程来看,2008 年 9 月,集创北方诞生于中关村一间 40 m² 的办公室里。从成立之日起,集创北方便开始为各类显示面板/显示屏提供显示芯片解决方案,于 2009 年推出手机充电器电源管理芯片,随后推出基础版恒流驱动芯片,于 2013 年起开始研发中大尺寸 LCD 面板显示驱动芯片,于 2014 年起开始研发小尺寸 LCD 面板显示驱动芯片。2016 年,集创北方入驻经开区,作为全球领先的显示控制芯片整体解决方案提供商，经开区对集创北方给予了极大的帮助，支持其加快解决核心技术攻关难题，提升产业链供应链现代化水平，使相关产品价值、品位、品牌在国际上得到大幅提升。与此同时，为产业链供应链安全稳定提供支撑，精准对接需求，为其搭建服务平台，助力企业"走出去"。2019年和2020年连续两年，集创北方都被工信部评为"制造业单项冠军示范企业"。据此，集创北方从一家名不见经传的科创企业成长为一个真正的独角兽，这与北京优越的区位优势以及经开区提供的投融资环境是密不可分的。

2022年3月，瞄准开发区的功能定位，北京经开区还出台了《关于加快产业金融高质量发展的若干措施（试行）》，制定了包括产业金融体系建设、投资机构的引进和丰富金融业态、支撑跨境金融、助推金融机构发展、强化金融人才队伍建设在内的六大项12条政策措施，旨在撬动更多社会资本持续加大对该区四大主导产业、高精尖产业和绿色产业发展的投资力度。随着"两区"建设的推进，北京经开区同样与多家银行开展战略合作，2021年有7家银行升格为自贸业务专营银行。在政策的加持之下，战略合作得以更加深入推进，金融机构迅速聚集，带动了一系列创新金融产品在北京经开区的率先落地，比如全市首笔线上开立进口信用证、建行北京分行首笔"跨境快贷"外币贷款、全市首笔城市更新项目贷款及碳排放配额质押贷款等。

立足首都金融的发展总体布局，经开区明确了"产业金融"的发展定位。作为一国经济的"心脏"，良好的金融环境能够对产业发展提供"血液"，让产业焕发生机。北京通过打造服务全国、辐射全球的高精尖产业集聚区，以丰富的应用场景、突出的技术研发能力辐射带动显著的产业集群，有效地吸引和集聚优质高端资源，让金融助力实体企业发展，带动产业链升级，产生"一子落而满盘活"的效果。

二、医药健康——大兴医疗产业集群

在医药健康领域，作为大力扶持的"国际引领支柱产业"，北京在医药健康产业生态方面也有明确的计划。空间布局上，在市场选择和政策引导的双重作用下，北京医药健康产业逐渐形成了"一南一北"错位发展优势互补的格局。其中，北部地区重点布局在昌平区、海淀区，重点是前沿技术突破和企业孵化；南部地区重点布局经济技术开发区、大兴区，重点是产业化项目落地和生产制造。化学药、中药、生物制品、医疗器械、医疗服务、医疗商业、CRO等不同类型的企业密集分布，构成了北京南北呼应的医药健康产业主集群，如图 4.2 所示。

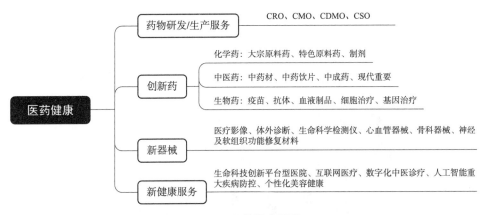

图 4.2 医药健康图谱

细化到医药健康的具体领域，北京市药品行业在化学药、生物药、中医药、医药中间体等细分领域均有所涉及，器械行业主要聚焦在影像设备、医疗机器人、植入器械、体外诊断试剂等领域。与此同时，北京市也大力布局基因技术、医疗人工智能、新材料+、抗体药物等新业态以及 CRO、CMO、CSO 等产业服务。其中 CRO 企业已集聚近 200 家，位居全国前列，并且围绕基础研究、药品、医疗器械、产业服务等发展方向集聚了一批重点机构及企业。

在产业的发展过程中，金融发挥了至关重要的作用。2021 年，北京地区医疗健康产业的融资事件达到 273 起，在投资金额上北京也在全国保持领先地位，达到 975.87 亿元。对于医疗健康领域的交易轮次，北京在 2020 年、2021 年连续两年与上海共同处于领投地位。

以大兴区的医疗健康产业发展为例，根据《北京市加快医药健康协同创新行动计划（2021—2023 年）》的布局，大兴区率先提出了"促进医药健康产业发展的若干措施"，其中明确提出了要"强化金融投资支撑"。第一，要设立科技成果转化专项基金，主要投入医药健康产业领域，优先引进和扶持生物医药创新项目研发、生物医药初创型企业及高成长企业和重点项目；第二，鼓励社会资本等参与投资，对投资大兴区医疗器械及生物医药项目且拟落户大兴区计划的创投基金、私募股权基金等，可择优提供不超过基金规模 30% 比例的引导基金支持；第三，对上年度贷款或融资租赁项目 300 万元（含）以上的医药企业，按照同期银行贷款基准利率，给予最高不超过三年、每年最高不超过 500 万元的贴息支持。

有直接的资金支持，有间接的宣传引资，也有贷款贴息的优惠。2021年全国各地区医疗健康融资状况如图4.3所示。

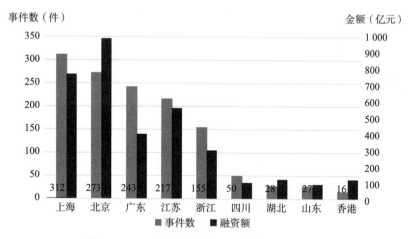

图4.3 2021年全国各地区医疗健康融资状况

鉴于生物医药企业具有科技含量高、研发周期长、前期投资大的发展特点，大兴医药基地积极打造贴合生物医药企业发展需求，具有药谷特色的金融服务体系，深入推动"科技+医药+金融"产业融合发展模式，用金融工具撬动园区产业形成创新、高效、高质量发展新局面。首先，通过多渠道引入社会资本"活水"。推动园区产业发展从投资驱动、资源驱动向创新驱动转型。与园区知名生物医药公司合作，设立专项生物医药产业基金，吸引各类社会资本参与医药健康产业并购基金，为医药健康产业发展提供持续、充足的资金支持。其次，打造产业发展的金融"引擎"。重点在于打造以金融联盟为支撑的产业融合发展新体系，通过对北京市生物医药产业金融资源进行有机整合，以政策为导向，以中介服务体系为保障，创新招商引资模式，撬动社会资本形成良性循环。联盟以投资机构为核心，推动资本赋能项目，从新药筛选、动物实验、临床研究、注册上市到扩大产能等各个环节都注入"金融血液"，打造区域发展的"金融引擎"，构建园区金融服务生态。再者，通过高效的服务打造"金融服务港"。自北交所大兴服务基地挂牌以来，大兴医药基地充分发挥北交所大兴服务基地平台支点作用，积极走访园区拟上市企业，深入调研企业发展现状，了解企业发展需求，高效组织开展签约、培训、路演等系列活动，推动8家园区企业启动辅导上市工作，通过项目路演活动向投融资机构集中展示园区细胞基因前沿项目，充分发挥

"金融服务港"作用,吸引更多的市场化金融服务机构聚集,为园区企业创新发展保驾护航。

在中国人民银行营业管理部指导下,国家开发银行北京市分行于2022年8月完成首笔4 750万元基础设施基金投放,用于支持位于大兴生物医药产业基地的北京均大制药有限公司生产基地二期项目。此次首笔基金投放落地大兴医药基地,凸显北京市对于医药健康产业发展的重视和关切,作为北京市生物医药产业重要承载区,大兴医药基地将充分发挥金融工具作用,助推园区产业高速发展。

在这样的背景下,依托雄厚的科研基础和人才优势,在产业升级、需求增加、技术进步和政策推动的"东风"下,早有布局的北京医药健康产业厚积薄发、发展迅猛。在全国范围内,无论是产业规模还是创新引领,北京都是医药健康产业的重要"一极"。数据显示,2021年北京医药健康产业全部企业营业收入达4 760.5亿元,同比增长116.7%,累计完成工业产值4 153.9亿元,同比增长1.62倍;据第三方机构不完全统计,2021年全国共有63家医药健康企业上市,其中就有10家来自北京,数量位居全国第二,如图4.4所示。

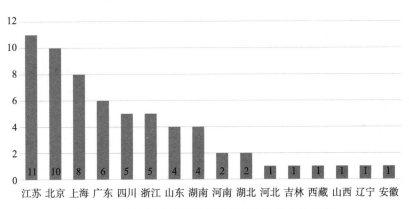

图4.4 2021年全国各地区医药健康上市企业分布

回溯过去,北京在"十三五"后期取得了突破性发展,形成"一南一北"双基地,汇聚了全国70%的AI医疗企业,建设布局了一批新型科技平台以及研究型医院,推动大量原创性成果进入转化的关键期。展望未来,医药健康产业被北京寄予厚望。按照北京"十四五"相关规划,医药健康和新一代信息技术并列,是北京创新发展的双引擎之一,其战略地位不言而喻。因此,北京将继续发力创新药、新器械、新健康服务三大方向,为投资机构提供"募、投、管、退"及被投企业综合服务,为医药企业提供"全流程+一站式"全生命周期金融服务,加强医药健康行业生态圈合作,助力医药健康企业高质量发展,用金融力量创造健康生活。

第二节 政府引导企业成长:落实优惠政策

一、PPP 项目——京港铁路

2001 年中国申奥成功后,北京市政府推出了一系列基础设施建设计划,轨道交通当时就是其中的一项基础设施建设。2004 年,经过多轮竞争性谈判,最终"港铁-首创联合体"凭借良好的资信、雄厚的实力、丰富的运营经验以及先进的管理理念等因素,被选定为 PPP(Public Private Partnership,公私合作制)模式中的社会投资者。为实施四号线的 PPP 模式,北京市政府投资成立了京投公司,项目由政府发起后,经历了准备阶段、采购阶段、实施阶段和移交阶段,项目建设期 5 年,运行期 30 年。在北京市交通委特许协议的监督下,京投公司与北京京港地铁有限公司签订部分资产租赁协议。其中风险由香港地铁、京投公司、首创集团共同承担,京投公司出资约占资金的 2%。地铁四号线采用 PPP 模式投资运营,是我国官方认可的第一个 PPP 项目,于 2003 年开工建设、2009 年国庆节前正式通车运营。地铁四号线 PPP 项目交易结构如图 4.5 所示。

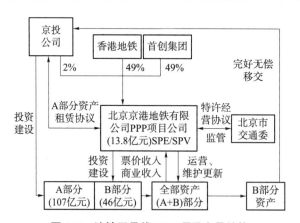

图 4.5 地铁四号线 PPP 项目交易结构

PPP 是一种市场经济成熟时期的管理模式，主要包括合作伙伴关系、利益共享和风险共担三个基本特征。第一，合作伙伴关系。这是 PPP 项目的基础和核心，是强调各参与方平等协商的关系和机制。遵守契约精神，政府和市场主体以平等民事主体的身份协商订立法律协议，即建立具有法律效力的契约伙伴关系，双方的权益受到相关法律、法规的确认和保护。第二，利益共享。政府和市场主体在合作协议中确立科学合理的利润调节机制，确保社会资本按照协议的规定取得合理的投资回报，避免项目在运营中出现因政府违约等问题造成社会资本无法收回投资成本的后果。第三，风险共担。其旨在实现项目风险的最小化，要求合理分配项目风险，由政府承担政策、法律和最低需求等风险，由社会资本承担项目设计、建设、融资、运营维护等商业风险。

京港地铁成为国内城市轨道交通领域首个以 PPP 模式引入社会资本投资、建设、运营城市地铁线路的公司，开创了内地轨道交通领域公私合营的新模式。以往对于地铁、公交这类公共设施，我国一直是采取政府全部包办的形式进行建设。然而，巨额的投资会大大加剧地方政府财政负担，可能导致其他建设项目的推延滞后。PPP 模式的最大优势就是拓宽了融资渠道，引入更多的社会资本，通过精准的财务测算以及合理定价，实现社会资本合理投资回报与社会公共利益两者之间的平衡。后期成立的项目公司除使用已有资本金外，还积极利用公司的各种资产包括特许经营收入等进行抵押和质押等方式取得银行贷款，确保了地铁建设的资金需求。

在此过程中要着重强调社会资本与公共利益两者此消彼长的关系。一方面，社会资本投资回报太大甚至暴利会损害社会公共利益；另一方面，社会公共利益最大化会压缩社会资本投资回报甚至导致其亏损，如果社会资本不盈利就不愿意参与 PPP 项目。PPP 项目交易结构设计的核心目标是"盈利但不暴利"。地铁四号线充分体现了"PPP 模式本质上是一种公共服务效率提升机制"的本质特征。作为北京市轨道交通线网中的骨干线路和南北交通的大动脉，四号线客流量大、项目收益好，为 PPP 项目成功运营奠定了基础。

此后，京港地铁进一步利用 PPP 模式先后参与投资、建设了北京地铁 14 号线、16 号线，在此过程中，借助北京地区自身的网络优势和丰富的金融资源，在项目全生命周期积极引导和配合京港地铁战略发展规划，如：2014 年发行了国内第二只可续期债券——"14 首创集团可续期债"用于北京地铁十四号线工程 B 部分的投资建设，资金成本远远低于信托等私募资金，大大降低了企业的财务负担；2015 年与中国工商银行北京市分行签署了《北京地铁 16 号线 PPP 项目银企战略合作协议》，由中国工商银行北京市分行提供从传统结算及信贷业务到新兴产业链融资及高端投行业务的全方位金融服务。

二、政府补助——京东方

在显示面板企业的发展过程中，政府投资也发挥了关键作用。以规模最大也最为重要的公司京东方为例，截至 2021 年，其液晶显示面板在手机、平板电脑、笔记本电脑、电视等领域的销量一直居于全球首位。此外，累计自主专利申请超 7 万件，年度新增专利申请中发明专利超 90%，海外专利超 35%，其中 OLED、传感、人工智能、大数据等领域专利申请占比超 50%，覆盖美国、欧洲、日本、韩国等多个国家和地区。在人工智能与大数据领域共有 9 项技术位列世界测评机构 TOP1，30 余项技术位列世界测评机构 TOP10，以高精尖创新科技再次入选《麻省理工科技评论》"50 家聪明公司"。京东方产业图谱如图 4.6 所示。

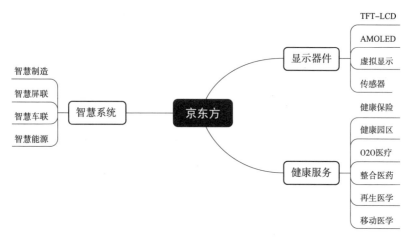

图 4.6　京东方产业图谱

京东方能够有如今的辉煌，与前期发展过程中北京市政府给予的一系列补助贴息、融资便利以及直接投资是密不可分的。

京东方前身是老国企"北京电子管厂"，1993 年 4 月京东方（BOE）前身北京东方电子集团股份有限公司成立，生产电子元器件、台式电脑显示器等产品。2001年1月，京东方在深圳证券交易所增发A股。2001年8月，根据全球战略发展需要，正式更名为"京东方科技集团股份有限公司"。经过不断改制和奋斗，京东方已具备了生产小型液晶显示面板的能力，这些能力大多源自京东方在北京亦庄经济技术开发区建设并于2005年投产的5代TFT-LCD生产线。

上述的生产线收购自韩国企业，投资规模很大，尽管生产线已经开始建设，但由于种种原因，其赴港上市的融资计划最终失败了。最后，在北京市政府与国开行的协调下，9家银行组成银团，由中国建设银行北京分行牵头，为京东方贷款7.4亿美元。北京市政府以国资委的全资公司北京工业发展投资管理有限公司为借款主体，为其提供了28亿元的借款。此外，在5代线建设运营期间，北京市政府还先后给予两次政策贴息共1.8亿元，北京市财政局也给了一笔专项补助资金5 327万元。2008年全球金融危机爆发和"4万亿"计划出台之后，京东方进入了快速扩张阶段。2009年年初，中央首次将发展"新型显示器件"列入政策支持范围。

在这一阶段，京东方的基本融资模式都是"扩充资本金+银团贷款"。政府投资平台密切参与了京东方的股票定向增发来扩充其资本金，或者以用土地使用权收益入股，抑或是委托当地银行向京东方提供低息甚至免息委托贷款。比如京东方在北京经开区投资280亿元建设第8.5代线TFT-LCD生产线，占地面积37万平方米，主要从事显示器和液晶电视用26~55英寸TFT-LCD显示屏、模组及相关产品的研发、设计、生产和销售。在8.5代线的建设过程中，亦庄开发区的全资公司亦庄国投委托北京银行向京东方贷款2亿元，年利率仅为0.01%。2014年，京东方做了最大的一笔股票定向增发，总额为449亿元，用于北京、重庆、合肥等地的产线建设。这笔增发的参与者中前三位都是当地的政府投资平台，其中北京约85亿元，占到最大比重，给予了极大的支持。2015年之后，随着新世代生产线的投资规模越来越大，京东方基本上停止了新的股票定向增发，而让地方政府平台公司通过银团贷款或其他方式筹集资金，筹资过程中也利用政府产业投资基金这一新的方式引入外部资金。京东方历年政府补助如表4.2所示。

表 4.2 京东方历年政府补助

年份	政府补助（元）	利润总额（元）	利润总额扣除政府补助（元）	政府补助占利润总额比
2009	699 504 502	−81 947 276	−781 451 778	−853.60%
2010	76 412 990	−2 241 360 223	−2 317 773 213	−3.41%
2011	666 446 749	846 087 296	179 640 547	78.77%
2012	925 766 702	186 051 963	−739 714 739	497.59%
2013	838 279 656	3 022 413 425	2 184 133 769	27.74%
2014	830 471 170	3 175 907 165	2 345 435 995	26.15%
2015	1 045 101 727	2 013 243 117	968 141 390	51.91%
2016	1 914 531 603	2 512 399 075	597 867 472	76.20%
2017	962 283 001	9 741 071 539	8 778 788 538	9.88%
2018	2 073 709 661	4 122 290 167	2 048 580 506	50.30%
2019	2 640 634 861	503 750 101	−2 136 884 760	524.20%
2020	2 332 107 692	6 092 836 662	3 760 728 970	38.28%
2021	2 077 537 306	34 619 640 378	32 542 103 072	6.00%

由表4.2可以看出，2009—2012年政府补助在京东方利润总额中占比巨大，对其业绩贡献显著，且几乎都远远超过了利润总额，弥补了京东方的亏损，尤其是2012年，直接使得京东方实现扭亏转盈；2013—2018年，京东方业绩逐步提升，除2017年波动以外，政府补助占比稳定。在2019年，京东方于年报中表示"2019年，半导体显示行业处于产业发展史中下行时间最长、下探幅度最深的低谷期，供过于求情况加剧，行业竞争日趋激烈"。由于和国家战略考量相关，政府巨资补贴使得京东方有底气咬紧牙关同日韩产商争抢市场份额，将其真正扶持待其发展起来后政府补贴便开始逐年降低。

由此可见，政府补助在京东方发展前期，成为其拉动业绩、管理盈余的利器，之后京东方的运营能力和盈利能力在政府补助支持下逐步上升，政府补助占比缓慢下降、逐步退出，政府补助对其发展具有托底、拔高、助推效应。

显示面板行业一条生产线的投资动辄百亿，只有大量生产才能拉低平均成本。因此新企业的进入门槛极高，不仅投资额度大，还要面对先进入者已经累积的巨大成本和技术优势。若新企业成功实现大规模量产，不仅自身成本会降低，还会抢占旧企业的市场份额，削弱其规模经济，推高其生产成本，因此一定会遭遇旧企业的各种打压。在经济发展起步阶段，资本市场和信用机制都不完善，以信用级别高的政府为主体来融资和投资更为可行。我国使用液晶屏幕的终端产品的消费市场就在国内，所以液晶显示产业的外溢性极强。通过政府扶持本国企业进入，这不仅能打破国际市场的垄断，还可以降低国内下游产业的成本，促进其发展。京东方就是一个在政府的扶持之下，一步一步做大做强的典型案例。

三、产业资金——高精尖基金

2015 年 8 月，北京高精尖产业发展基金由北京市经济和信息化局联合北京市财政局设立。高精尖基金按照中央及北京市重点产业领域发展要求，重点瞄准世界科技前沿，围绕国家战略需求，聚焦新兴领域、高端环节和创新业态，初期聚焦新能源智能汽车、智能制造系统与服务、自主可控信息系统、云计算与大数据、新一代移动互联网、新一代健康诊疗与服务、集成电路、通用航空与卫星应用、节能环保、新能源、新材料、智慧城市、融合创新、现代都市、应急产业等领域。2021 年，北京高精尖基金共确认合作子基金 26 支，基金认缴总规模约 260.10 亿元，并且荣获"融资中国最佳政府引导基金 TOP50"以及"中国影响力产业投资母基金 TOP30 奖"。高精尖基金重点投资行业如图 4.7 所示。

图 4.7 高精尖基金重点投资行业

依据不同地区的区域优势，高精尖基金分别与海淀在人工智能、智慧交通领域，与亦庄在智能装备、生物医药、半导体领域，与房山在智慧城市领域，与顺义在新能源智能汽车领域，与怀柔在节能环保、新材料领域，与大兴在高端医疗器械领域合作优化布局，支持区域重点高精尖产业进一步发展壮大。通过市区两级的错位管理，高精尖基金正在助推形成本市各区域的特色优势行业。

2022年高精尖基金的具体资金奖励包括："新智造100"项目奖励、绿色低碳发展项目奖励、企业年度贴息、工业企业稳运行稳就业奖励、软件信息服务业企业稳运行稳就业奖励，产业基金都有相应的政策。围绕高精尖产业链发展中的关键环节和核心技术，通过产业基金支持吸收引进先进技术，实施"技术引领+资本运作"双轮驱动企业快速成长。截至2021年年底，高精尖基金实际完成投资项目中约80%投资是位于北京市辖区内。

由高精尖基金扶持并引导的众多中小型和科创型企业数不胜数。比如：北京远润绿产科技有限公司深耕固体废弃物无害化处置行业多年，是北京高精尖基金节能环保领域子基金中科光荣所投企业。公司以水泥窑协同处置工艺作为切入点，积极在危废处置全产业链布局，有效融合形成了从资产端、运营端到渠道端三位一体的综合性危险废物处置的生态体系，实现了固体废物及危险废物的减量化和资源化，其处置能力近30万吨/年。再如：北京天科合达半导体股份有限公司专业从事第三代半导体碳化硅晶片研发、生产和销售的国家级专精特新"小巨人"企业。经过多年的发展，企业先后研制出2英寸、3英寸、4英寸导电型和半绝缘型碳化硅晶片，于2014年在国内首次研制出6英寸碳化硅晶片，所有产品均已实现规模化生产，工艺技术水平处于领先地位。其牵头制定的两项国家标准GB/T 30656—2014《碳化硅单晶抛光片》、GB/T 31351—2014《碳化硅单晶抛光片微管密度无损检测方法》，在一定程度上填补了碳化硅半导体材料在该技术领域的国家标准空白。此外，高精尖基金也和各类金融机构合作打造了"产业+金融"综合发展投融资服务模式。在基金助力下，被投资企业的上市进程明显加速，估值更实现了逆势增长。2022年6月23日，高精尖基金子基金——北京华控基金投资的项目"北京华如科技股份有限公司"便成功登陆深圳证券交易所创业板。

通过分阶段推进、精准规划布局，北京高精尖基金已在15个高精尖产业重点投资领域、30多个细分领域完成产业布局，基本实现对高精尖目标领域的全覆盖。与此同时，吸引大量优秀的投资机构加入，包括国科金源、首钢基金、盛景嘉成、力鼎资本、建银国际、中域嘉盛、复星资本、华控基金、一村资本、吉富创投等，形成合力，助推产业转型升级。

第三节　市场助力企业发展：打通融资渠道

一、北交所——专精特新

北京证券交易所（以下简称北交所）于2021年9月3日注册成立，是经国务院批准设立的中国第一家公司制证券交易所，也是我国资本市场改革发展的又一标志性事件。如果说，科创板开启了中国资本市场培育支持硬科技企业发展的先河，那么北交所的设立则是中国资本市场培育支持以"专精特新"企业（专业化、精细化、特色化、新颖化）为代表的广大创新型中小企业发展的里程碑。北交所与沪深交易所、区域性股权市场实现错位发展与互联互通，进一步推进中国资本市场向多层次、包容性方向发展。

北交所助力创新型中小企业做大做强。在整体平移精选层的过程中，有66家"专精特新"属性明显的中小企业直接上市北交所。从行业分布来看，数量排名前五的行业为机械设备18家、生物医药8家、信息服务8家、化工6家、交运设备5家，多为对创新依赖较高的行业，符合北交所服务创新型中小企业的市场定位，对挂牌公司的成长和发展也有着巨大的借鉴与鼓舞意义。

截至2021年年底，北交所上市公司达到89家，战略新兴产业、先进制造业、现代服务业等占比87%，经营业绩突出、创新能力较强。从北交所已披露业绩快报的86家公司来看，2021年整体业绩增长稳定，部分公司实现突破，创造了最好业绩。金融数据库Wind数据显示，86家北交所公司2021年平均营收为7.79亿元，较2020年同期增长近2亿元；平均增速达20.36%。其中，营收规模破10亿的公司有10家，最高为贝特瑞的105.96亿元，颖泰生物、同力股份分别以73.67亿元、41.77亿元分列第二、三位。此外，长虹能源、翰博高新等2021年营收规模也在10亿元以上。另有72家公司营收规模处在亿元以上10亿之下，占北交所整体公司8成以上。2021年北交所营收规模前十大公司如表4.3所示。

表 4.3　2021 年北交所营收规模前十大公司

证券代码	证券简称	2021年营收（亿元）	同比增长率（%）	2021年归母净利润（亿元）	同比增长率（%）	Wind 行业
835185	贝特瑞	105.96	138.02	14.22	187.46	材料Ⅱ
833819	颖泰生物	73.67	18.36	4.79	47.15	材料Ⅱ
834599	同力股份	41.77	52.58	3.70	10.74	资本货物
836239	长虹能源	30.69	57.24	2.56	58.19	资本货物
833994	翰博高新	29.11	18.05	1.47	-3.51	半导体与半导体生产设备
838030	德众汽车	27.49	33.98	0.60	26.21	零售业
834682	球冠电缆	26.85	29.21	0.82	0.78	资本货物
835368	连城数控	20.40	10.00	3.51	-7.69	资本货物
831768	拾比佰	14.16	24.74	0.66	19.44	材料Ⅱ
836077	吉林碳谷	12.09	9.71	3.15	126.00	材料Ⅱ

在制度层面上，北交所诞生于创新大环境中，也服务于创新。对比沪深交易所 10 亿元的起步门槛，北交所设置市值 2 亿元、4 亿元、8 亿元、15 亿元四套上市标准，对创新型中小企业更包容、更灵活，也更有弹性。北交所新规体现出的针对性、精准性和包容性的特点，切实考虑了中小企业发展规律：在上市准入方面，对预计市值、累计净利润、营业收入、研发投入占比的要求都远远小于科创板、创业板，体现出新规的包容性；在股权变动方面，加大了股权激励的额度，有助于鼓励中小企业持续成长；在停复牌方面，明确停牌的时间预期；在退市规则方面，交易类强制退市的考核周期缩短为 60 个交易日，加速劣质公司出清速度，有利于市场健康发展；在交易规则方面，常规涨跌幅限制为 30%，采用连续竞价交易、盘后固定价格交易、大宗交易，增加了交易资产的流动性，提升定价与成交效率；上市保荐方面，保荐机构持续督导期更短，削弱了保荐机构在持续督导中的负担。

综上所述，北京证券交易所的成立是多层次资本市场改革发展迈出的关键一步。作为服务创新型中小企业的主阵地，以及与沪深交易所保持错位发展，北交所致力于解决中小企业融资难、融资贵难题，促进资本市场更好地发挥功能作用，让更多"专精特新"企业得到多层次资本市场的助力，迎来更高质量的发展。

二、再融资——东方雨虹

北京东方雨虹成立于1995年，是防水行业龙头企业，依托防水主业所形成的核心资源与能力，发展了建筑涂料等业务，逐步成为全球领先的建筑建材系统服务商，为重大基础设施建设、工业建筑和民用、商用建筑提供系统解决方案。东方雨虹的发展阶段如图4.8所示。

图4.8　东方雨虹的发展阶段

在20多年的创新发展中，东方雨虹同样沉淀了大量知识产权资产，如何充分发挥其价值成为亟待解决的重要问题。知识产权质押是指知识产权权利人以合法拥有的专利权、注册商标专用权、著作权等知识产权中的财产权为质押标的物出质，经评估作价后向银行等融资机构获取资金，并按期偿还资金本息的一种融资行为。知识产权质押融资作为一种无形资产质押模式，无须固定资产支出，不影响企业日常经营，具有诸多优势。

作为北京经济技术开发区的高精尖企业之一，东方雨虹的商标品牌价值逐步提升，品牌影响力不断攀升。2017年，东方雨虹被评为国家知识产权示范企业。2020年"东方雨虹"以36%的品牌首选率连续第9年荣登中国房地产500强首选防水材料类供应商品牌榜首。而在防水行业中，品牌力对于防水材料尤为重要。由于防水产品功能性强、消费者认知难、非标产品多，再加上其占比整个建安成本较低（约1%），因此，对于下游而言，产品品牌越来越成为选择时的重要考虑因素，品牌影响力强的龙头企业更加受益，知识产权成为提升企业竞争力的重要抓手。防水材料品牌重要性的决定因素如图4.9所示。对此，东方雨虹高度重视知识产权创造、运用、保护和管理，灵活调整知识产权战略，有效落实知识产权保护工作、管理体系、运营方式等，打造"以量布局、以质取胜"的知识产权综合优势。

图 4.9　防水材料品牌重要性的决定因素

为最大化发挥公司无形资产价值，进一步推动知识产权、金融与产业有效融合，东方雨虹积极对其商标的品牌价值进行了量化，委托专业资产评估公司对"东方雨虹"系列商标进行价值评估，采用国际公认的评估方法，依据《知识产权资产评估指南》《商标资产评估指导意见》《资产评估执业准则——无形资产》等十余项准则，经过现场考察、搜集资料、行业调研、评定估算等评估程序，最终评估"东方雨虹"系列商标无形资产价值达到 10.77 亿元。

确定商标无形资产价值之后，东方雨虹积极拓宽融资渠道，与多家金融机构进行对接，评估各金融机构的政策特点，最终与中国建设银行签订知识产权质押合同，以"东方雨虹"系列商标无形资产价值作为质押担保，成功获得 1.8 亿元银行授信，支撑企业创新发展。可以说，巧用知识产权质押融资，东方雨虹在"知产"变"资产"的过程中引来金融"活水"，浇灌出了创新之花。知识产权质押融资直接促进企业"知产"变"资产"，在带来现金流的同时更加坚定了企业保护知识产权的信心，有利于推动企业自主创新及知识产权保护形成良性循环，为企业长远发展注入活力。

东方雨虹作为 2020 年北京市高精尖产业发展资金项目，也荣获了当年的单项冠军培育企业，于 2021 年获评为被评为北京市的第一批"隐形冠军"企业。在业务开拓过程中，公司结合自身发展需要，为下游经销商向金融机构贷款提供一定的连带责任保证担保，有效地帮助下游经销商拓宽融资渠道，及时获得发展所需要的资金以更加有效地拓展市场，从而实现公司业务的稳定增长。

第四节　金融科技反哺企业：提价值促成长

一、区块链金融——京东区块链

2016 年京东开始区块链技术研究，并于 2017 年组建专门团队推动区块链在具体应用中的研发与实践，先后在品质溯源、数字存证、信用网络、金融科技等领域落地应用。基于区块链建立的通用账号，能够提供唯一身份证明，实现链上操作透明化，打破数据提供方的信任屏障，打通商城、金融、物流等不同业务形态进行数据交互的渠道，使京东所服务的企业能快速接入获取所需的信息。同时，京东也能快速整合各业务形态的数据，实现数据集约化管理，使数据分析更为精确，从而助力各参与方开展精准化营销。其具体应用场景包括：防伪追溯及物流追踪，数字存证（电子发票、电子证照、物流单证），信用网络以及金融科技。

截至2022年5月底，京东"智臻链"1.64新版本正式上线，其为企业应用设计的区块链框架系统能够适用多种通用业务场景，满足企业积木化按需定制，让企业快速接入区块链世界，重塑商业未来。"智臻链"是京东数科旗下的区块链技术品牌，"智"代表智能技术，"臻"代表美好生活的愿景，"链"寓意了"连接、共建、共治、共享"。"智臻链"三个字的含义是指运用区块链这一智能技术，以服务人们美好生活为目标，连接合作伙伴共创价值。京东区块链具体的应用场景有供应链追溯、金融支付、医疗健康、爱心公益、绿色能源以及文化娱乐等，包罗万象。

考虑其在金融方面的应用，最为直接的就是金融支付，将区块链技术应用于跨境支付业务，能够有效破解传统金融业务环节复杂、耗时长、费用高的难题。通过区块链的分布式账本、点对点传输、共识机制等技术，能够明显改善金融机构银行成本结构，提升支付处理效率，降低支付费用，实现交易信息、过程的实时追踪。而在资产证券化（Asset-backed Securities，ABS）的过程中，京东区块链同样可以发挥其独特的优势。一般而言，由于主体信用的评价和监控体系不够健全以及市场管理经验有限，资产支持证券的真实风险评估往往难度较大。进而导致资产证券化流程复杂，耗费时间长，管理成本较高。所以，对京东自身的业务——京东白条而言，由于其所涉及的信用主体多且信用评价极不健全，涉及的金额更是小而分散，要进行资产证券化难上加难。

一个标准的ABS的业务流程通常包括：准备阶段、执行阶段、发行阶段、存续期管理阶段。区块链ABS标准化解决方案能为业务全流程提供系统支撑。如表4.4所示，基于区块链的全流程ABS解决方案可以为资产方、投资方、服务方等各个业务方带来显著价值。具体而言，对投资方，该解决方案使ABS产品底层资产更加透明，降低了基础资产不确定性引入的风险，并且减少了投后管理的风险；对资产方，该解决方案一方面通过标准化业务流程，缩短融资交易周期，另一方面，通过增加底层资产的可信性，减少资产方与资金方的信息不对称，可以间接降低融资成本；对服务方，业务流程的优化、资产监控、循环购买以及资金的自动化分配，可以削减人力投入，实现资产管理降本增效。因此，区块链技术使得金融机构能实时了解进行资产证券化企业的所有交易信息，且时间戳、数字签名等技术能够保障信息的真实可靠，增加信息透明度，提高操作效率，降低信用风险。基于上述特点，京东与一些金融机构共同组建资产证券化联盟链，打造了针对京东白条的 ABS 产品。

表 4.4 区块链赋能 ABS 多业务环节

ABS 业务阶段	业务环节	区块链 ABS 标准化解决方案
准备阶段	ABS 目标 具体方案的政策可行性 市场可行性和可操作性分析 选定原始权益人 基础资产筛选 中介服务机构以及制定包括关键融资要素 增信措施 项目时间表等关键融资要素	基础资产入池筛选 入池资产测算评估 ABS 项目信息登记 各机构链上确认相关产品要素等
执行阶段	中介机构尽职调查 交易文件起草 搭建相关信息系统 确定证券化底层资产并形成资产池 发起机构设立 SPV 将需要证券化的资产通过"真实出售"方式转移给 SPV SPV 对资产池的资产现金流进行重组、分层、信用增级 确定 ABS 项目计划说明书	基础资产入池筛选 入池资产测算评估 ABS 项目信息登记 各机构链上确认相关产品 基础资产入池筛选

续表

ABS业务阶段	业务环节	区块链ABS标准化解决方案
发行阶段	路演推介及资产定价 确定意向投资人 出售有价证券	基础资产入池筛选 入池资产测算评估 ABS项目信息登记 各机构链上确认相关产品要素
存续期管理阶段	存续期（循环期）内资产池资金的回收、分配、再投资 资产与资金情况定期报告 摊还期归还投资人本金和利息分配	资产状况实时监控 自动银行划款对账 自动循环购买、赎回、清仓回购 自动生成合规信息披露报告

对京东自身的价值而言，京东通过区块链技术可以更好地掌握融资企业的经营状况，根据其自身信用等级发放对应额度的贷款，从而减少了坏账可能。另一方面，区块链技术改善了京东自身财务报表，优化了现金流，对企业的发展起到了积极的作用，并且可以运用区块链技术将原有的供应链金融产品进行升级，以此开发出多样化的新产品，使得获客渠道向多元化的方向发展，进而为越来越多的中小微企业提供资金支持。对于核心企业的价值而言，在区块链的支持下，供应链上的中小微企业可以方便快捷地拆分以及转让核心企业的信用凭证，从而减轻自身的资金压力。因此，核心企业便可以更加放心地实现延期付款，起到优化财务结构的作用。

综上所述，在京东的区块链相关业务中，针对传统金融支付的痛点问题，提供了新的金融支付方式。对京东自身，不仅可以优化业务链条（京东白条），增加其竞争优势，提升公司价值；对核心企业，有助于其制定合适的资金规划，将负债的到期时间安排至最佳时机，使得现金流在各个时间段都保持相对充裕。最终，降低小企业的融资成本，并满足消费者的需求。在整个过程之中，各个主体得以充分发挥自身的优势，最终平衡各方利益，实现优势互补。

二、供应链金融——随信云链

北京随信云链科技有限公司于 2017 年 11 月 15 日成立，是以支付场景和产业金融生态发展需求驱动的科技公司。作为一家综合型供应链金融服务平台，随信云链的基础业务包括：供应链金融服务、商业汇票融资服务、ABS 融资、标准化票据融资，其本质在于利用商业信用为企业创造价值。从诞生之日起，随信云链潜心打磨金融业务产品，自主研发中台系统，于 2018 年下半年正式开始对外展业，并在几年之内就取得了业内瞩目的成绩，获得国家高新技术企业证书，55 个软件著作权以及 4 个专利。在北京市 2022 年度第四批"专精特新"中小企业名单中，随信云链凭借突出的金融科技创新能力、技术研发实力和产业链影响力成功入选。随信云链供应链金融产品模型如图 4.10 所示。

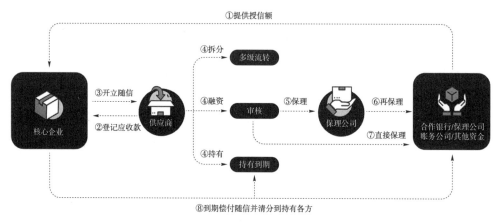

图 4.10　随信云链供应链金融产品模型

依托结行科技的科研优势，随信云链自主研发的"iABCD+供应链金融科技解决方案"，将物联网、人工智能、区块链、云计算、大数据应用到供应链金融，把对贷款对象的评估，从财务报表等静态数据，转变为全供应链动态数据的实时监控，支撑金融机构扶持核心企业上下游中小微企业，成功打造了包括随信供应链金融服务、商业汇票信息服务、资产证券化金融服务和银企链金融科技服务在内的四大业务板块，服务了近百家央企、国企、上市公司等各行业大型核心企业，同时也合作了银行、保理公司、信托、小贷公司等多种类金融机构近 30 家，截至 2021 年年底，供应链金融业务累计交易金额近 200 亿元。之所以能够形成如此庞大的金融生态网络，取决于随信云链依靠科技和服务所构建的"护城河"。在顶层设计上，随信云链从五个层面赋能供应链金融生态，全面打通信息链和资金链，实现金融生态业务闭环，让供应链金融效率得到质的飞跃。

在最底层是技术支撑层，iABCD 原本不同的技术路线被统一，共同推动传统供应链金融数字化转型升级，实现供应链中的物流、信息流和资金流的高度集成利用开发，做到变数据为智慧，为业务决策优化提供依据。第二层是平台服务层，平台为用户提供银行监管账户、区块链存证、智能风控体系、人行中登直联、三方数据服务、CFCA 签证、银企直联等基础服务。以"管理咨询+产品技术+运营服务"的服务模式，把中小微企业和金融机构、核心企业的需求转化为数字语言，并最终提供全链条、多维度、跨周期的供应链金融解决方案，最后在此基础上为客户搭建起属于自己的数字化经验管理体系。第三层是产品应用层，是金融科技落地的关键。随信云链作为综合性供应链金融服务平台，不断开发普惠金融产品，满足中小微企业在不同阶段的资金需求，业务主要分为四大板块：供应链金融产品、资产证券化产品、票据服务产品、银企链科技产品。第四层是整合互联层，通过灵活便捷的 SDK、API、专属链接、客户端以及 H5 等接入方式，一键式快速部署接入各类资金接口，将金融能力对外开放权限，无缝整合供应链的信息流、资金流、商流、物流、单据流，沉淀和积累数据的同时，对策略和模型进行迭代，为客户提供深度定制化的金融产品及服务。第五层是生态合作层，随信云链作为第三方科技平台，一端连接资产端，包括核心企业、供应商、经销商、三方平台、企业自营平台；另一端连接资金端，包括银行、信托、保理公司、券商、担保公司。打通资产端和资金端，为合作伙伴提供基础设施和业务全流程支撑，推动行业数字化转型，同时用接入的数据反哺随信云链的云计算与大数据风控系统，实时、实情、实物保障供应链健康。

随信云链用金融科技把"供应链"变成"共赢链"，反哺企业成长。依托科技的力量将核心企业的商业信用价值化，赋能整条产业链，以科技创新驱动产业链供应链优化升级，构建安全可信的产业金融生态圈，解决中小企业融资难、融资贵、融资慢等难题，让每一个企业无论规模大小、无论所在城市、无论所处行业，都有机会凭借自身优势和努力发展成为产业链内的中流砥柱，给产业生态注入源源不断的新鲜活力。

第五章 国际著名金融中心金融高质量发展案例

第一节　纽约金融高质量发展

纽约金融市场是美国最大的金融市场。第二次世界大战后，美国凭借其强大的经济实力建立了以美元为核心货币的国际货币体系。在此之后，美元取代英镑成为主要的国际储蓄和清算货币。纽约金融市场已经逐渐发展成最重要的国际金融中心之一，在全球范围内具有广泛的影响力。纽约高质量金融发展不仅促进了本国经济的快速发展，而且也为世界其他城市金融高水平发展树立了典范。

一、纽约金融高质量发展现状

1. 银行体系发展情况

银行方面，主要选取摩根大通、富国银行以及美国合众银行三家代表性银行。2021年年末三家银行总资产规模分别为3.74万亿美元、1.95万亿美元和0.57万亿美元。从三家银行2021年年末负债结构来看，存款是美国银行业负债的核心部分，且规模越小的银行存款比重越高。2021年年末摩根大通、富国银行以及美国合众银行存款占总负债的比重分别为71.4%、84.3%和88.1%。早在1982年美国创新推出了MMDAs，该账户不受存款利率限制，且可进行转账和签发支票，与货币市场基金类似，避免了存款大规模流失。2021年年末富国银行存款结构为非计息存款35.6%、计息活期存款31.4%、储蓄存款（包括MMDAs）29.7%、定期存款2.0%，其他存款1.3%。三家美国银行2021年年末总资产规模如图5.1所示。

近年来，伴随着科学技术的进步以及其与金融深度融合的趋势不断加强，推动着银行业数字化转型。金融科技行业的快速发展，对商业银行的传统业务产生了重大影响，同时也为银行业带来了新的机遇和挑战。目前，金融科技是主要国家和国际银行的重点建设方向，2018年全球对金融技术的投资约为235亿美元，比2014年增长了四倍。摩根大通银行（JPM）自2016年推出"移动优先，数字无限"战略以来，已将其年度营业利润的10%和净利润的40%用于科技产业，每年投资近100亿美元用于科学技术研发。

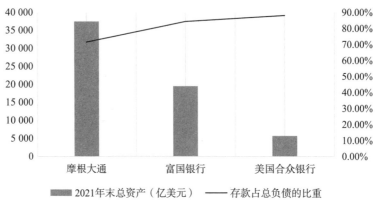

图 5.1 三家美国银行 2021 年年末总资产规模

2. 资本市场发展情况

股票市场层面，2020 年第四季度的牛市行情得到进一步延续，截至 2021 年年末，美国上市公司的总数量达到 6 115 家，资产总市值为 686 703.83 亿美元。股票指数的升幅创历史最高水平，道琼斯指数累计涨幅 18.72%，标准普尔 500 指数累计上涨 26.89%，纳斯达克综合指数累计上涨 21.38%。值得注意的是，虽然美国标准普尔 500 指数累计涨幅较大，但存在严重的行业分化现象。其中表现优于市场行情的板块包括能源电力、信息技术、房地产和金融服务行业。美国股票市场如图 5.2 所示，2021 年全年美股主要指数涨跌幅如图 5.3 所示。

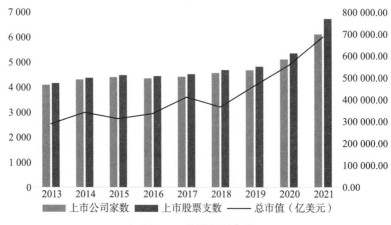

图 5.2 美国股票市场

固定收益市场方面，截至 2021 年 12 月 31 日，全球固定收益市场规模为 127

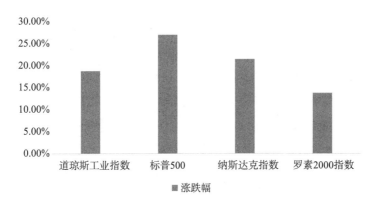

图 5.3 2021 全年美股主要指数涨跌幅

万亿美元，美国固定收益市场规模共计 49 万亿美元，占全球固定收益市场规模的 38.7%。其中美国国债存量规模 22.6 万亿美元，占美国固收市场体量 42.8%，占全球债券体量约 17.8%。美国债务市场的规模优势以及美元储备在各国外汇储备分配中的主导地位决定了美国金融市场在压力时期的"避风港角色"，美债市场价格仍是反映全球金融市场价格和国际资产价格变化最直接的基准之一。

风险投资方面，2021 年美国的风险投资交易总额达到了近 3 300 亿美元，创下历史最高纪录。对于科技、生物技术、医疗保健和金融科技行业的风险投资比例较之前有了显著提升。截至 2021 年年底共宣布了 17 054 宗交易，全美对互联网软件行业的投资占比为 37.1%，是风险投资比例最高的行业，在纽约这一数字更是达到了 43.6%，交易总额与 2020 年相比增长了两倍多。在资金募集方面，2021 年纽约筹集基金数量较 2020 年相比仍为 140 支，保持不变，但筹资总额超 300 亿美元，同比增长 95.4%，这一数据的变化表明纽约将风险投资集中在了更少、更大的基金中。2021 年在纽约筹集的所有资金中，规模超 10 亿美元的超大型基金占比 57.6%，而 2020 年这一数字仅为 38%。美国风险投资如图 5.4 所示。

天使投资在美国的发展历史悠久，规模总量大，运作机制相对成熟，已经成为美国创业企业筹资的一个重要渠道。根据新罕布什尔大学风投研究中心发布的《美国天使投资市场研究报告》，2020 年美国天使投资总额达 253 亿美元，比 2019 年增长 6%；全年有 6.4 万家公司接受天使投资资金支持，比 2019 年增长 1.2%；美国活跃的天使投资个人共有 33.4 万人，较 2019 年增长 3.5%。在全球范围内，天使投资已成为最主要的融资方式之一，是推动经济发展和技术进步的

图 5.4　美国风险投资

重要动力之一。美国天使投资如图 5.5 所示。

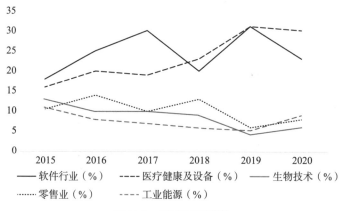

图 5.5　美国天使投资

从行业角度来看，天使投资更关注高成长型公司，其投资领域具有明显的行业特征，互联网技术与医疗健康领域的投资机构数量和金额不断上升。新罕布什尔大学风投研究中心发布的数据显示，信息技术与医疗健康一直是投资者关注的重点，投资总额维持在 50% 左右。

二、纽约金融高质量发展促进高精尖产业发展

1. 云科技助力纳斯达克重塑资本市场

纳斯达克是全球最大的股票电子交易市场之一，创建于 1971 年。在全球各

大证券交易市场中,纳斯达克证券交易市场发展最为迅速。作为第一家电子化股票市场,美国市场每日交易有一半以上在纳斯达克进行。纳斯达克交易所在1998年收购美国证券交易所后,期权及其衍生产品的交易亦由纳斯达克证券交易所负责。纳斯达克交易所的分层上市制度、做市商交易机制和信息披露准则使纳斯达克市场变成了世界上最成功的高科技企业市场之一。

随着资本市场投资者结构的变化,个人投资者的主导地位已经逐渐向机构投资者转移。机构投资者的数量不断增加,不仅促进了资本市场的发展和完善,也促进了金融市场的创新。金融机构之间日益激烈的竞争正在促进其数字化转型,机构投资者对金融科技的投资也越来越多。机构合作是金融科技发展的新趋势,2021年12月1日,纳斯达克和亚马逊云技术(AWS)在美国内华达州拉斯维加斯的亚马逊云技术峰会上宣布建立的合作关系,目标是共同推动全球数字经济快速发展。从2022年开始,纳斯达克将逐步将其北美交易市场过渡到亚马逊云技术。这种混合架构将减少访问纳斯达克企业内部系统的延迟,并提供高频交易能力,同时允许客户以较低的成本获取云服务具体包含访问虚拟连接服务、市场分析和机器学习等。

2. 美国政策及监管措施多举措共促金融高质量发展

美国于2022年10月7日发布了《先进制造业国家战略》,明确了美国为了在先进制造业领域继续保持领先地位而需要完成的目标——确保经济持续增长、创造新的就业机会、强化环境的可持续发展、积极应对气候变化、确保国家安全和改善医疗保健,如图5.6所示。制造业是美国经济和国家安全的重要驱动因素,美国要重振制造业、建立强大的国内供应链、投资研发、培训劳动力等方面,以确保美国在全球的经济主导地位。

此外,美国在2020年8月发布的2022财年美国研发预算优先事项中明确了公共安全与创新、未来和相关技术领域、国家安全、能源和环境、太空是五大重点研发领域。加强对于重点行业重点产业的投入,以确保美国在科技创新方面保持全球领先地位。美国于2020年10月发布了《关键与新兴技术国家战略》,具体包括推进美国国家安全创新基地(NSIB)建设和保护技术优势两大战略,并明确了高级计算、先进制造、人工智能等20项关键与新兴技术的清单。

加强对金融科技领域的监管,降低数字货币交易风险,2018年美国发布

《关于可能违法的数字资产交易平台的声明》，确认数字资产属于证券范畴。美国的数字货币交易采用牌照化管理，所有数字货币交易所均需持照经营。尽管美国各州对于数字货币的监管方式和力度有所不同，但是各州的监管政策均十分完善可以有效地减少数字货币的交易风险。

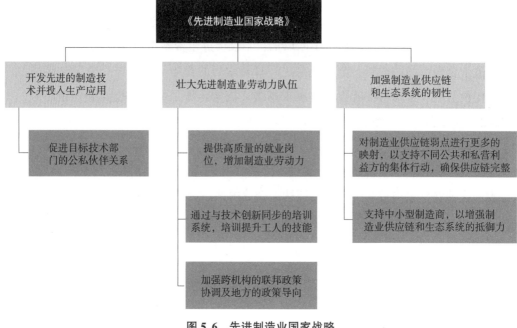

图 5.6　先进制造业国家战略

3. 深化金融科技重点城市建设，助力科技产业发展

美国金融科技中心城市发展质量在世界范围内处于较高水平，据《2020 全球金融科技中心城市报告》显示，美国纽约、旧金山硅谷和芝加哥位列全球 8 座金融科技中心城市，并处于第一梯队。这三座城市以其鲜明的发展路线，通过金融高质量发展促进其科技产业发展。

（1）纽约："金融+科技"推动金融数字化改革。纽约作为国际金融中心，对世界经济、金融、政治、娱乐和媒体等有着直接的影响。许多国际组织、跨国公司和银行，包括联合国总部都设在纽约。强大的经济实力和优越的经济发展环境为金融科技发展提供了良好基础。纽约金融应用场景丰富，为科技赋能金融创新提供了庞大的应用市场。在此基础之上，纽约形成了资本、科技、应用三位一体的金融科技发展路径,为世界其他城市金融高水平发展提供借鉴。纽约相比于其他城市具有的得天独厚的优势。首先,风险投资、专项投资基金、贷款担保等为金融科技发展注入了充足的资本;其次,纽约紧邻华尔街,强大的金融服务系统为金融科技企业带来丰富的资金支持,众多科研创新企业和研发中心在第五大道、百老汇的等地区集中建立并且在智能投顾、区块链等方面均取得了一定成果,诞生了如 Lemonade 等实力强劲的金融科技企业。

(2) 旧金山:打造金融科技总部。旧金山与硅谷接壤,硅谷位于美国加利福尼亚北部的大都会区旧金山湾区南面,硅谷的风险投资占全美风险投资总额三分之一以上,是全球高科技创新发展中心。此外,旧金山湾区是世界最重要的科教文化中心之一,拥有的世界著名高等学府,例如加州大学伯克利分校、斯坦福大学等。目前,旧金山湾区已经形成了以高等院校作为知识创新的起点,企业作为技术创新的载体,配以科学技术型产业的金融和管理等中介服务发挥平台作用,辅之以政府推动、组织协调的区域协同创新发展模式。据《2020 全球金融科技中心城市报告》,旧金山是技术驱动型金融科技中心的全球典范。旧金山金融科技使用者占比相比 2019 年涨幅为 12.8%。2020 年前三季度,旧金山共计达成金融科技交易 107 笔,累计金额科技投资约为 51 亿美元。

(3) 芝加哥:在全球的加密货币流通中扮演核心角色。芝加哥作为美国最大的三座城市之一,坐落于美国的密歇根湖以南。芝加哥是全球金融中心,同时也是金融衍生品、保险和风险管理中心。《2020 全球金融科技中心城市报告》显示,截至 2020 年年末,芝加哥共有 3 家上市的金融科技企业和 9 家高筹资的科技企业。芝加哥期货、期权和衍生品的交易量占世界总量的 20%。芝加哥庞大的金融市场资源以及其对金融衍生产品和技术领域深入的了解,有助于推动整个加密货币产业的发展。

4. 纽约创新中心启动:改善支付环境,助力数字货币发展

纽约联邦储备银行于 2021 年 11 月 29 日正式推出纽约创新中心 (The New York Innovation Center, NYIC) 以促进与国际清算银行 (Bank for International Settlements, BIS) 创新中心建立战略合作伙伴关系。纽约创新中心是纽约联储的组成部分。纽约创新中心与美联储系统,BIS 创新中心及公共和私营部门的专家协作、核查、设计、建设并引进中央银行金融技术方面的新产品和新服务。纽约创客将集中于五大核心领域：监管技术、金融市场基础设施、货币的未来、开放金融和气候风险。美联储主席鲍威尔在启动纽约创新中心的虚拟活动中表示："这一伙伴关系将支持我们对包括央行数字货币在内的数字货币的分析，有助于改进目前的支付系统，特别注重让跨境支付变得更快、更便宜"。

第二节　伦敦金融高质量发展

伦敦是欧洲和全球的金融中心，也是欧洲最大的经济和技术的枢纽。从世界金融中心指数名次来看，伦敦金融中心持续保持较前的位次。从金融发展的角度来看，伦敦还创造了许多世界之最，例如全球首家世界现代银行巴克雷银行和首家中央银行英格兰银行均位于伦敦。伦敦金融要素厚积，给金融高质量发展提供了更多发展机会。

一、伦敦金融高质量发展现状

1. 银行体系发展情况

在 2020 年经济衰退的背景下，英国银行表现出相对稳健的管理，其资产和负债规模不断增长，资产品质相对稳定，风险平衡能力强。另外，英国的银行也对国家中小企业支持政策做出了积极的回应，并制定了强有力的政策予以支持，英国为中小企业设立了国家担保贷款机制。根据英国财政部发布的数据显示，截至 2020 年 12 月 13 日，英国政府共向中小型企业发放 631.8 亿欧元，相当于全部放款总额的 92.7%，大大高于大型企业得到的贷款支持力度，2020 年 11 月中小企业信贷较上年同期增长 25.2%，创历史新高。

英国银行业与政府展开积极合作，配合落实各项方针政策，强化实体经济扶持，资产规模实现逆势增长。以英国五大行（汇丰银行、国民西敏寺银行、巴克莱银行、渣打银行、劳埃德银行）为例，截至 2020 年第三季度末，五大行总资产规模约为 6 万亿英镑，比 2020 年年初增长 12.6%。其中巴克莱银行资产规模上涨 24.7%，明显高于另外 4 家。银行负债上，英国五大行第三季度存款比 2020 年初平均增长 12%，巴克莱银行以 18.9% 的速度增长，实现全球金融危机以来规模最快扩张。

英国脱欧之后，尽管存在一定人员和商业损失的风险，伦敦仍然保持了地域、语言、教育、监管法律体系和基础设施上的总体优势，并为英国银行业的发展提供了契机。首先，英国政府强力推进引领绿色经济转型，使绿色金融产品及相关业务获得了机遇，为银行资产与业务结构的完善作出贡献。其次，金融消费者的行为方式发生转变，英国银行业数字化转型加快。最后，英国监管机构对金融科技的开放和鼓励态度有助于英国各银行在金融科技领域的踊跃实践，开展与金融科技公司的合作。英国财政部资助的英国科技企业家网络机构于 2020 年 9 月份启动"金融科技承诺"项目，为银行和金融科技企业构建高效透明的商业伙伴关系，确立全球领先的标准。目前已有巴克莱银行、汇丰集团、劳埃德银行、国民西敏寺银行以及桑坦德银行签订该协议，借助大数据、云计算和人工智能等金融科技为金融业务赋能。

2. 资本市场发展情况

截至 2021 年年底，英国上市公司总数达 2 028 家，资产总市值达 65 236.12 亿英镑，如图 5.7 所示。2021 年科技和消费品类股票上涨趋势最为明显，在强劲的企业收益和经济增长的支撑下，欧洲股市迎来自 1998 年以来持续时间最长的连涨时段。

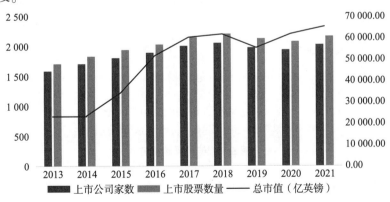

图 5.7 英国股票市场

债券层面，据欧央行资产负债表披露，截至 2022 年上半年，欧央行持有欧元债券规模合计 5.13 万亿欧元，其中为货币政策目的持有的债券规模合计 4.96 万亿欧元，相比 2019 年年末增长 88.1%。对标欧元区债券合计规模来看，截至

2022年第一季度,欧央行持有欧元债券合计5.05万亿欧元,占市场存量比例达24.7%。

在风险投资领域,截至2021年12月31日,英国共获得6873项融资,总计265亿英镑,创下英国风险投资市场最高纪录。随着融资水平的提升以及融资规模的增长,伦敦仅2021年就新增了20个"独角兽"(估值超过10亿美元),这也使伦敦"独角兽"总数累计达到75家,是继湾区、纽约、波士顿之后的世界第四大"独角兽"集聚地。就行业分布而言,金融科技依然是融资规模最大的领域之一。金融科技领域初创公司2021年度共完成310轮融资,总规模为65.7亿英镑。与2011年融资总额1.3亿镑相比,增加了50倍以上。从资金的具体分布情况看,伦敦风险投资机构更偏好早期阶段投资。2011年至2021年间,有540多只基金向伦敦公司进行了3429次股权融资。其中,处于种子轮和VC轮的投资共计2600笔,约占融资交易的76%;有20%的资金流入成长型公司;成熟公司的股权融资数量占比仅为4%。英国风险投资如图5.8所示,金融科技风险投资如图5.9所示。

图5.8 英国风险投资

在创投环境方面,英国连续多年被《福布斯》杂志授予"全球最适合投资的国家"称号,同时英国也是世界顶级创业中心。英国还是全球"最吸金"的国家,根据Deirum和伦敦发展局发表的研究报告显示,2020年伦敦的初创企业和成长型企业将筹集105亿美元,占欧洲所有投资的四分之一。就具体行业而言,金融科技仍然是最受欢迎的行业。此外,智能制造、化工和制药以及航空航天也成了热门赛道,随着英国对"绿色和生命科学"的重视,环境、能源和人

图 5.9 金融科技风险投资

类健康领域同样吸引投资者的广泛关注。根据 CB Insights 的数据，到 2021 年 11 月，英国共有 37 家独角兽企业，包括 22 家金融科技企业，3 家电子商务和零售企业，以及 3 家健康、保险和能源企业。

二、伦敦金融高质量发展促进高精尖产业发展

1. LSE-AIM 市场：引导资金支持科技创新企业

为满足小型、新兴及成长型企业向公开资本市场进军的要求，伦敦交易所于 1995 年 6 月成立另类投资市场（Alternative Investment Market，AIM），截至 2018 年，共有 2 000 多家企业在另类投资者市场挂牌交易，募集资金 190 多亿英镑。伦敦证券交易所另类投资者市场涵盖 40 余个不同的行业，已成为世界上中小型企业融资的主流市场。另类投资者市场虽然依附于伦敦证券交易所（London Stock Exchange，LSE），但是却有着自己独立的运作规则与管理机构，另类投资者市场的最大特征就是上市标准较其他交易所而言相对较低，市场对于企业以往的表现以及公众持股量没有最低设限，只要有充足的营运资金支持至少现时 12 个月的要求就可以在伦敦证券交易所进行上市。另类投资者市场的包容性也很强，允许符合标准的全球技术和创新公司上市。根据英国伦敦证券交易所（LSE）的数据，目前有超过 100 个国家的企业在该交易所上市。除了另类投资者市场，主板市场也同样为高科技企业设置了报价板块，为科技和创新公司的发展提供资金支持。

伦敦证券交易所另类投资者市场上市实行终身保荐人制度，在另类投资市场上市取决于保荐人的信用背书，这将保荐人与发行人联系在一起，使两者共同对投资者负责，将监管的重点从监管公司转向监管保荐人。保荐人必须提供良好的上市建议，进行尽职调查，确保发行符合要求，向交易所提供书面声明，持续提供辅导，进行定期检查并协助披露。如果保荐人的行为决定被认为是非法的，或者破坏了其他投资者的信用或声誉，保荐人将会受到公开制裁并撤销保荐资格。

AIM 成功的原因可以归结为其拥有丰富的上市资源、多元化的行业结构、合理有效的监管制度、优越的市场交易体制等。

2. 数字化时代下银行发展转变：英国开放银行计划

英国开放银行计划是为适应数字化时代银行发展理念而提出的，英国开放银行计划给整个金融业带来革命性变化，给消费者带来实惠的同时，也催生新的金融服务生态系统。开放银行（open banking）的本质是以应用程序接口（Application Programming Interface，API）作为技术手段，将银行的数据和第三方进行共享，为金融系统的客户、第三方开发者、金融科技企业和其他合作伙伴提供服务，最终带来新的价值。开放银行顺应了数字化时代下银行发展理念的转变，必将给整个金融行业带来巨大的变革。未来，银行将以开放和共享的方式进行业务模式创新，提供差异化、特色化的创新产品，将会成为银行在新的市场环境下生存和发展的重要手段。开放银行框架示意如图 5.10 所示。

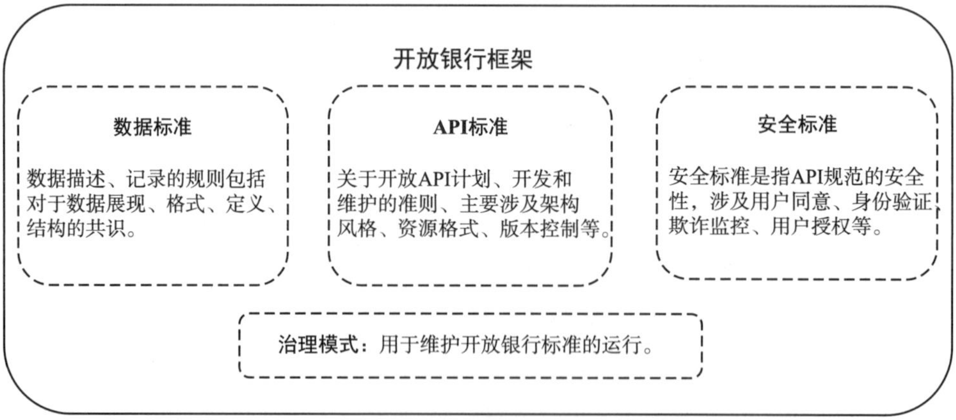

开放银行框架

数据标准	API标准	安全标准
数据描述、记录的规则包括对于数据展现、格式、定义、结构的共识。	关于开放API计划、开发和维护的准则、主要涉及架构风格、资源格式、版本控制等。	安全标准是指API规范的安全性，涉及用户同意、身份验证、欺诈监控、用户授权等。

治理模式：用于维护开放银行标准的运行。

图 5.10　开放银行框架示意

2018年1月13日,英国开放银行计划正式实施,截至2020年12月,英国共有294个包括金融科技公司在内的供应商处于开放银行生态系统中,在294个供应商之中有102个通过开放银行应用商店提供产品,超过250万英国消费者和企业使用开放银行产品来管理其财务、获得信贷并进行支付。API调用量从2018年的6 680万增加到2020年的近60亿。

如何运用技术促进普惠金融,一直是各国政府及国际组织关注的焦点。开放银行将少量个人金融数据聚集在不同体系下对普惠金融客户进行"画像",从而有效缓解了信息不对称问题。与此同时,利用大数据分析技术构建出一个信息更加全面、完整、真实的信贷风险评估模型,金融机构可以实现更加准确的风险评分以及信贷审批等工作,从而促进普惠金融的发展。英国开放开放银行计划的实施为全球其他城市银行数字化转型提供了参考。

3. 金融科技监管法规优势突出

英国是世界上最具影响力的金融科技中心之一,其金融科技公司总数超过1 600家,预计到2030年这个数字会扩大一倍。英国完善的金融科技监管法律制度以及金融科技规划战略进一步助力伦敦金融产业的蓬勃发展。

金融行为管理局(Financial Conduct Authority,FCA)于2015年引入了"监管沙盒"的概念,并推出了"监管沙盒"计划。"监管沙盒"旨在为金融科技创新企业提供一个安全的测试平台。2020年7月16日,英国金融行为管理局与伦敦金融城公司宣布合作推出"数字沙盒"(Digital Sandbox)试验计划,帮助初创企业应对疫情带来的重重挑战。在未来,"数字沙盒"计划将开发和提供完备的数字测试环境,向创新企业提供高质量数据库访问权限,帮助其验证技术解决方案的可行性。数字沙盒基本功能如图5.11所示。

随着金融与科技的进一步深度融合发展,金融产品创新周期逐步缩短、覆盖范围普遍加强,对应的风险积累程度、风险传播速度较之前均被显著放大,对于金融监管及时性和有效性提出了更高的标准要求。自2016年以来,英格兰银行一直与各类金融科技公司合作,就机器学习、数据分析、区块链和网络安全在金融中的应用开展概念验证工作,并深入探究如何将技术在金融监管中得到应用。英国金融行为监管局2018年2月发布了《关于利用技术实现更加智能的监管报送的意见征询报告》,称英国金融行为监管局正在探索如何把监

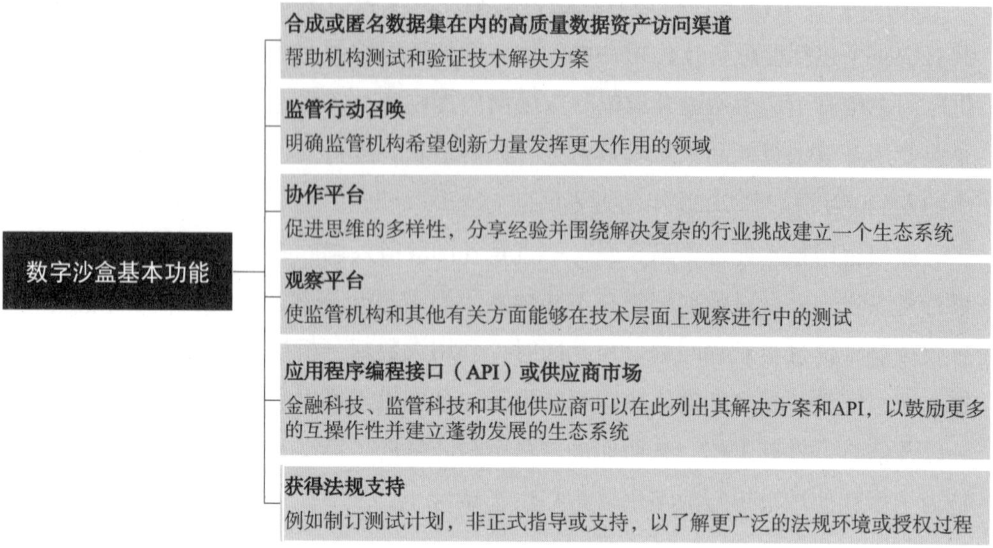

```
数字沙盒基本功能 ─┬─ 合成或匿名数据集在内的高质量数据资产访问渠道
                │   帮助机构测试和验证技术解决方案
                ├─ 监管行动召唤
                │   明确监管机构希望创新力量发挥更大作用的领域
                ├─ 协作平台
                │   促进思维的多样性,分享经验并围绕解决复杂的行业挑战建立一个生态系统
                ├─ 观察平台
                │   使监管机构和其他有关方面能够在技术层面上观察进行中的测试
                ├─ 应用程序编程接口(API)或供应商市场
                │   金融科技、监管科技和其他供应商可以在此列出其解决方案和API,以鼓励更多
                │   的互操作性并建立蓬勃发展的生态系统
                └─ 获得法规支持
                    例如制订测试计划,非正式指导或支持,以了解更广泛的法规环境或授权过程
```

图 5.11　数字沙盒基本功能

管规则翻译为机器语言命令,从而实现自动访问机构数据库、实时监测,完善金融监管体系。

为应对金融科技面临的诸多挑战,英国财政部发布了《金融科技发展战略》,并出台了一系列应对金融科技发展的全面举措。通过具体、高效、透明、垂直的监管结构确保了金融科技运行中"有法可依"的原则。通过制定完善的金融技术发展策略,应对当前金融技术领域面临的各种挑战。在市场方面,为了缓解俄乌冲突对英国金融市场的冲击,英国政府于 2022 年 7 月上旬公布了《金融服务和市场法案》,该法案提出使用稳定币进行支付的规则,通过放松监管,更进一步释放了伦敦金融城的活力,增强了伦敦金融城的竞争力。借助自身推出的一系列吸引外资的有力举措,伦敦继续保持着全球金融中心城市领先的优势。

随着英国脱离欧盟,英国政府的金融领域政策发生一系列改变。英国财政大臣 2020 年 11 月 9 日发表声明,详细阐述了英国政府今后一段时期为促进金融市场开放和创新发展所采取的诸多措施。具体而言:第一,保持英国金融科技领先地位,拓展金融科技领先优势。英国政府将对相关的稳定货币计划引入监管模式以保证与其他支付方式相同的最低监管要求;英国财政部及英格兰银行会继续推动有关工作,对于英国央行如何通过发行数字货币来补充现金进行进一步的审议与部署。其次，要积极促进绿色金融的发展，2021 年，第一批主权绿色债券正式推出，预计到 2025 年将在全球范围内全面推行气候相关金融披露工作组（Task Force on Climate-related Financial Disclosures，TCFD）。第三，建立开放创新的监管体系，深化国际合作。改革英国的上市制度，在一年内推出英国第一个长期资产基金，以促进对基础设施和风险资本等长期非流动性资产的投资。2020 年 12 月，英国国际贸易部宣布启动全球合作项目"Leading Edge"，助力金融科技发展，为了帮助新加坡、澳大利亚和美国等国际金融机构更方便地获取英国金融科技解决方案。

4. 吸引外部投资，聚焦金融科技

根据伦敦发展促进署和英国创新金融协会 2019 年联合发布的一份关于全球金融科技投资报告《金融科技利好年：英国视角下的全球趋势》，在欧洲金融科技投资价值和欧洲投资交易数量两项排名中，伦敦分别凭借 21.1 亿美元的投资额和 114 项交易排名首位，大大领先于其他主要欧洲城市。放眼全世界，按交易价值排名的世界五强城市中，伦敦也仅列在美国旧金山之后，位居第二。目前伦敦金融科技行业强势的子行业包括：替代性贷款、融资区块链和数字货币、数字银行、保险科技、付款方式、个人理财和财富管理。

据 2022 年 4 月伦敦金融城政府发布的报告显示，英国在 2021 年共吸引了 11 亿英镑的投资，是欧洲金融和专业服务领域吸引外国直接投资项目（186 个）最多的国家，在全球范围内仅次于美国。伦敦在金融和专业服务领域吸引其他国家投资方面排名世界第一，超过了迪拜、新加坡、纽约和巴黎等城市。英国的金融服务业之所以能吸引全球投资者，可以归因于其能提供进入全球市场的渠道、研究和创新能力、多样化的国际劳动力以及稳定的监管制度。英国的外资来源如图 5.12 所示。

在拉动外资方面，金融科技企业最具吸引力，金融科技公司不仅吸引了越来越多的外国资本，也正在成为英国重要的外资来源。作为世界领先的金融创新中心，英国吸引了越来越多的金融科技公司入驻，金融科技公司已成为英国 FPS（金融规划服务，Financial Planning Service）和 FDI（外商直接投资，Foreign Direct Investment）项目的最大来源。2021 年，金融科技公司占所有金融服务项目的三分之一，比 2020 年增加了 14 个。

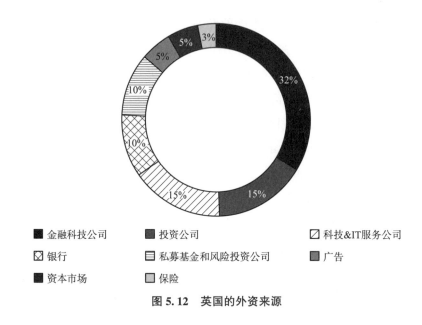

图 5.12　英国的外资来源

第三节　巴黎金融高质量发展

法国是全球第七、欧洲第三大经济体。世界工业强国法国在钢铁、汽车、建筑业均处于全球领先地位，与此同时，服务业和农业等也是法国的支柱产业。作为首都，法国巴黎拥有全球最大的保险公司——安盛集团。法国作为欧洲最大的股票交易市场和金融衍生品市场，金融市场具有良好的流动性和透明度，巴黎证券交易所的交易量仅次于纽约、东京和伦敦，居世界第四位。

一、巴黎金融高质量发展现状

1. 银行体系发展情况

法国巴黎银行、法兴银行、国民互助信贷银行、法国农业信贷银行和法国人民储蓄银行 5 家法国大型银行公布的 2021 年财务数据显示，2021 年法国五大行总体业绩水平超越 2006 和 2007 两个金融黄金时期，达到了历史顶峰。2021 年五家银行净收入达到 317 亿欧元，是 2020 年度收入的一倍多，与 2019 年相比增长

27%。例如，法国巴黎银行 2021 年整体表现优异，总收入为 462 亿欧元，较 2020 年和 2019 年分别增加 4.4% 和 3.7%；营业收入为 122 亿欧元，较 2020 年和 2019 年分别增加 45.9% 和 21.3%。其收入增长可以归因于以下两方面，一方面投融资银行商业活动全速推进，特殊市场环境激发并购咨询业务，市场活动与融资行为并存；另一方面，原本预期的大规模破产和失业潮并没有发生，风险成本有效降低，银行只需预留更少的备用金来处理不良贷款。

2. 资本市场发展情况

截至 2021 年年底，法国股票和投资基金总量达到 18 910 亿欧元，在一年内大增 13.3%，而 2019 至 2020 年间仅增长 1.8%。相比之下，2021 年，法国 CAC40 股指更是飙升了 29%，创下自 1999 年以来的最佳表现，也是自 CAC40 创建以来的第六大年度涨幅。1975—2017 年法国股票市场如图 5.13 所示。

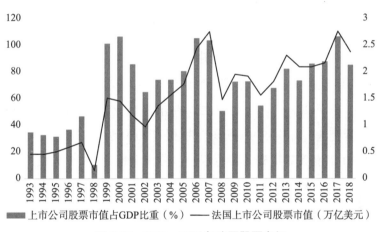

图 5.13　1975—2017 年法国股票市场

在融资方面，2017—2020 年，法国初创公司的融资规模和融资交易数量稳步提升。2020 年法国初创企业在 476 轮融资中筹集了 43.5 亿欧元，相比 2019 年的 40 亿欧元增长 9%。2017—2020 年法国融资规模如图 5.14 所示。

在创投环境方面，法国的创投环境正在从"不亲商"到"自由创业国度"发生翻天覆地的变化。据法国商务投资署（Business France）报道，截至 2021 年，法国初创企业数以万计，是欧洲创业失败率最低的国家。电子商务、云服务、金融科技、人工智能和可再生能源是目前炙手可热的赛道。与此同时，

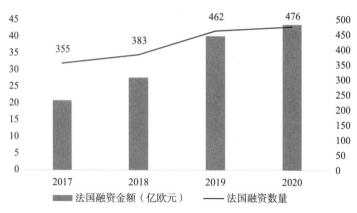

图 5.14 2017—2020 年法国融资规模

2017—2020 年，法国初创企业融资金额及交易数量不断增加。据 CB Insights 统计，截至 2021 年 11 月，法国独角兽企业有 19 家。

在投资方面，根据《2020 法国科技创投报告》，法国初创企业在 2017 年至 2020 年的融资次数与金额均呈上升态势。这当中，除本土及海外投资机构外，法国政府还通过法国国家投资银行（Bpifrance）来扶持创投领域。据 CB Insights 统计，截至 2021 年 11 月，法国独角兽企业共有 19 家，其中 10 家是 2021 年度新晋企业，如图 5.15 所示。根据《2020 法国科技创投报告》，法国初创企业 2020 年度共募集到 476 轮资金，募集金额为 43.5 亿美元，较上年同期增加 1 亿美元。其中规模最大的 15 次融资总共募集到 19 亿美元，相当于法国 2020 年总筹资额的一半。

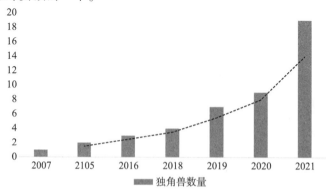

图 5.15 2007—2021 年法国独角兽企业数量

二、巴黎金融高质量发展促进高精尖产业发展

1. 大型银行和保险集团推动金融科技发展

法国是银行业和保险业的发源地，2021年，法国借助大数据、区块链以及人工智能技术不断升级并改善相关保险产品安全性与便利性，改善顾客消费体验，使保险业向生活中诸多方面渗透。法国拥有欧洲最大的保险巨头安盛集团，同时安盛集团也是世界上规模最大的金融公司之一，截至2020年，安盛管理的资产规模高达一万亿美元。安盛集团以太坊公有链为核心的航空保险于2018年10月份正式上线，这款保险产品借助"智能合约"，可自动启动索赔系统，保证代码所承认的理赔能够顺利进行，对航班延误乘客进行自动补偿，有助于提升保险公司与投保人的信任程度。2020年安盛集团与保险创业企业共同推出了STO的全新保险产品——CrowdProtector，这款产品能够为资金募集提供保障，同时也能提升投资者的信任度。

法国是欧洲第一大股权交易市场以及金融衍生品市场。法国巴黎拉德芳斯商务中心汇集了法国五大银行、近200家金融机构、200家左右跨国公司总部或者分部，被誉为"巴黎曼哈顿"，在此产生大量金融交易。金融要素聚集带动法国国内金融科技发展，同时带动法国同更多国家和地区开展国际合作。

法国有近70%的资产由十家最大的资产管理公司控制，法国的巴黎银行、兴业银行、安盛银行等大型的银行和银行机构控制着法国的大部分资产管理公司，为大型金融机构投资金融科技行业提供支持。此外，法国当地大型银行也采取各种手段支持和深化金融科技初创企业发展和合作，如通过建立基金、投资或并购提供资金支持，通过建立金融科技创新实验室促进新兴金融企业的发展和合作。法国的一些银行也在积极进行金融科技的研究与开发，比如法国巴黎银行建议法国巴黎银行在企业之间推出"即时"支付服务等，并且和安盛投资管理公司共同发展区块链资金配置平台，创建更加简化的资金销售机制。

2. 政策及监管措施：统一性监管，鼓励性施策

法国金融市场管理局（AMF）实时跟踪金融科技最新发展情况，推进有关金融科技法律的制定与实施。以加密货币为例，AMF通过定期发布报告对投资者进行预警，其报告显示，2018年前10个月加密货币新闻中，只有6%的代币显

示出金融工具的特征，大多数传统机构投资者均避开了这些产品。

法国对区块链发展持积极态度：2018年9月，法国通过了关于ICO（区块链代币的首次发行）的具体立法。寻求首次代币发行机会的公司能够在法国金融市场管理局申请官方证明材料，提出监管框架并确认ICO是合法的投资工具。法国政府出台的关于ICO的指导方针在很大程度上提升了人们对区块链融资的信心。在英国退出欧盟后，法国有意利用区块链的热潮来吸纳人才、恢复经济。法国政府通过公共奖励、补贴补助和研发税收抵免资助初创企业的研发活动。2018年，法国设立了创新和产业基金以支持企业创新，资助对象包括突破性创新初创企业和突破性创新项目，主要通过公开竞赛选拔、法国公共投资银行的深度科技项目等方式进行资助，覆盖人工智能、自动驾驶等高科技领域。另外，法国还通过优化创业环境，吸引海外科技公司在法国发展。大型创业园区的建设以及为初创企业提供投资基金和实验工厂等服务，使Facebook、微软和亚马逊等在法国开设孵化项目，全球最大的创业公司孵化器F Station也在巴黎运营。在税收方面，法国政府也为初创企业制定了优惠政策，通过降低企业税和分担管理成本等措施，支持创新型金融科技公司的发展。微软、谷歌和华为等技术公司均已经在法国设立了研发中心。

法国同样重视人工智能与可再生能源方面的研究。在人工智能领域，法国于2018年3月发布了法国人工智能发展战略，其目标是充分利用各类资源并通过采取各种政策和措施，把法国建设成全球人工智能研究与开发水平领先的大国。从可再生能源的角度来看，为了促进可再生能源的开发，法国政府会大力开发太阳能、风能及其他可再生能源，计划在2028年前把核电的比重降到目前的水平。

3. 拉德芳斯商务区发挥集聚效应，推动金融科技发展

拉德芳斯于20世纪50年代开始建设，是法国巴黎的中央商务区，也是欧洲第一商务区，建筑面积约360万平方米。在该区域内共有500个企业，包括15个财富500强企业，近200个金融机构，190个全球知名跨国公司，法国五大银行同样位于拉德芳斯商务区。作为世界一流经济中心，区内有18万员工，其中60%为高管。500家企业中，40%为外企，区内还设有20所高等教育机构，其中有4所大学。区内交通网络便捷，巴黎商务区到巴黎市中心只需要十几分钟。拉德芳斯商务区内商务生态多样化，商务区内金融、保险、银行公司总占比达

34%，例如法国兴业银行及其交易大厅、欧洲证券交易所、汇丰银行、Axo 等；能源类企业占比为 29%，有道达尔、德西尼布集团、法国燃气、苏伊士集团；审计和咨询类公司占比为 15%，代表公司有毕马威、安永、德勤、普华永道等；工业和生产类企业占比为 10%；信息和通讯类企业为 7%；其他类为 5%。

巴黎拉德芳斯商业区拥有金融技术发展的所有必要因素，被称为"巴黎的曼哈顿"。随着伦敦逐步脱离欧盟，更多的金融交易将逐步从伦敦迁移至巴黎，许多跨国机构将把总部从伦敦搬到巴黎，形成集群效应，促进金融科技的发展。同时，更多的金融科技公司将以拉德芳斯商业区为媒介展开跨国合作。

4. 助力能源转型，法国巴黎资产管理引领永续投资风潮

作为全球核电大国，长期以来法国的能源供给主要依靠核电供给。为了优化能源结构并呼应全球应对气候变化和能源转型的诉求，法国开始能源转型之路，增加可再生能源，减少对核电依赖。一直以来，法国在环境变迁、环境永续方面均处于领先地位，并采取积极的政策支持，预期在 2050 年能够成为第一个碳中和地区。法国大力发展可再生能源，推进能源转型，1997 年法国巴黎的费斯内姆核电站正式投入运营，是法国使用时间最长的核电站之一。2020 年 2 月法国政府发布公报宣布于 2020 年 6 月底彻底停止费斯内姆核电站的使用，预期在 2040 年对核电站的基础设施进行废除。法国政府同时推出了《多年能源计划》，为法国 2019 年至 2028 年能源转型提供了指导方针，该计划指出预计到 2035 年核电总量的比例将会降低至 50% 以下，同时大力加强对于风能和太阳能等清洁能源的发展。在永续投资层面，法国巴黎资产管理公司凭借其扎实的投资研究团队成为永续投资的先驱者。

法国巴黎资产管理独创"3D+3E"投资流程，其中"3E"为法国巴黎资产管理永续投资发展提供了战略方向，包括能源转型、环境永续以及平等和包容性成长。具体而言，能源转型团队将聚焦于"3D"因子即减少碳排放、数位化以及分散化。因此，法国巴黎资产管理公司将法巴能源转型股票基金定位成为 ESG 主题投资基金，不再投资传统能源，投资流程完全纳入 ESG 规范，与永续研究中心合作，不管是企业基本面或是产业面的分析，均涵盖了 ESG 因子，强调更具前瞻性的能源转型投资机会。

能源转型议题自 2021 年开始表现突出，引爆市场关注。法国巴黎资产管理

认为，替代能源体系目前仍处于萌芽阶段，新能源价格在技术不断精进之下稳定下降，而在市场需求持续成长的同时，永续能源发展更可为全球经济带来长期稳健的发展环境。随着能源转型进一步推进，可再生能源领域也将提供更多就业机会。法国应进一步加强可再生能源项目间合作以及与欧洲其他国家的合作，最终实现能源转型，为应对全球气候变化作出贡献。

第四节 东京金融高质量发展

日本一直是创新强国。在世界知识产权组织（World Intellectual Property Organization，WIPO）正式发布的"2020全球创新指数报告"（GII）中，日本的创新能力排名第16位，保持在创新发展国家前列。总体上，日本高科技产业在20年间得到了很好的发展，为金融科技行业的诞生和成长提供了坚实的基础。日本保险行业非常发达，拥有全球第三大保险市场。2020年，保险数字化转型加快，保险科技领域也诞生了如Justincase、Smart Drive等实力较强的企业。

东京是日本的金融中心，是亚洲唯一能够和欧美发达国家相比的国际金融中心，也是世界上重要的金融市场之一。日本与中国相邻，两国经济贸易有着深刻的关联，因此日本东京金融的发展对我国金融中心的高质量发展具有一定借鉴意义。

一、东京金融高质量发展现状

1. 金融机构发展现状

日本的中央银行即日本银行，是日本金融机构的核心。日本银行于1882年10月10日开业，主要职能包括：发行纸币现钞并对其进行管理、执行金融政策、最后贷款人、执行与各国中央银行和公共机关之间的国际关系业务（包括介入外汇市场）以及搜集金融经济信息并对其进行研究。2017—2022年日本银行的总资产规模在稳步上升，如图5.16所示。

民间金融机构，例如，三菱日联金融集团、日本三井住友金融集团以及日本瑞穗金融集团，都是日本大型金融集团的代表，公司总部均在东京。

第五章　国际著名金融中心金融高质量发展案例 | 143

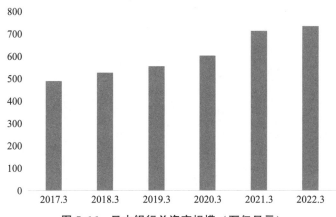

图 5.16　日本银行总资产规模（万亿日元）

以三菱日联金融集团为例，其旗下商业银行包括三菱东京 UFJ 银行、中京银行（地区性银行）、岐阜银行（地区性银行）、泉州银行（地区性银行）、大正银行（地区性银行）；信托银行有三菱 UFJ 信托银行；证券公司有三菱 UFJ 证券，如图 5.17 所示。

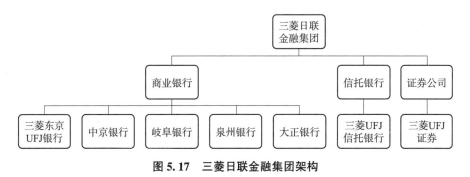

图 5.17　三菱日联金融集团架构

2016—2021 年三菱日联金融集团总资产如图 5.18 所示。三菱日联金融集团在年度报告中披露了 2016—2022 年历年利润变化，如图 5.19 所示。

与三菱日联金融集团相似，日本三井住友金融集团以及日本瑞穗金融集团均有多家下属金融机构。

日本三井住友金融集团旗下有三井住友银行、三井住友信用卡株式会社、三井住友银行信贷株式会社、株式会社日本综合研究所、大和住银投信投资顾问株式会社、大和证券 SMBC 株式会社；日本瑞穗金融集团下辖 4 大金融机构，瑞穗银行、瑞穗法人银行和瑞穗信托银行三家银行，以及瑞穗证券公司。

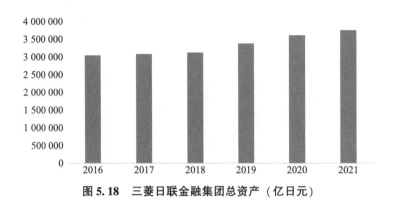

图 5.18　三菱日联金融集团总资产（亿日元）

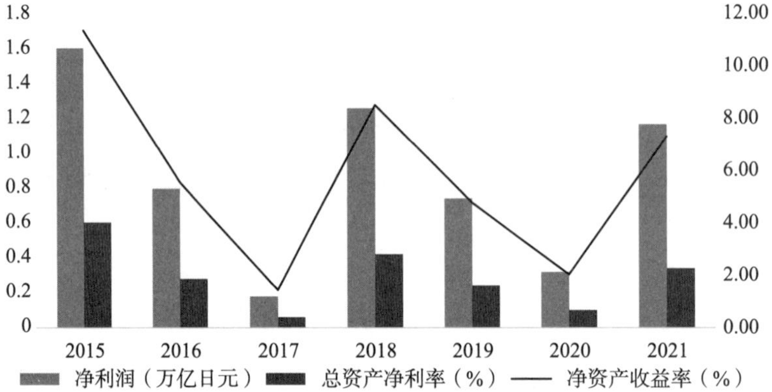

图 5.19　三菱日联金融集团利润走势

2017年，三菱东京 UFJ 银行为 9 位智能手机 APP 开发者及类似的数字服务开通了一个网站，旨在联合可能与之合作的企业，然后向其提供访问客户账户的方法，比如通过 API 进行转账或查看交易细节。这是大型银行寻求与金融科技公司合作的一个典型例子。瑞穗金融集团和软银将开始提供日本首个由 AI 驱动的个人贷款服务。三井住友金融集团（SMFG）与日本雅虎合作成立一家新公司，分析银行客户的数据。雅虎的技术将"使用存款余额等指示信息来分析人们对金融产品的潜在需求"。

2. 资本市场发展现状

日本有 8 家证券交易所，分别位于东京、大阪、名古屋、京都、广岛、福冈、新潟、札幌。其中东京、大阪分别是全国和关西地区的中心性市场，二者的交易额合计占日本全国交易额的 90% 以上。为了尽可能地将股票交易集中到交易所，1961年10月，东京、大阪和名古屋三个证券交易所分别设立了市场第二部。市场第二部的上市条件比第一部略低。原则上新股票先在市场第二部交易，一年后如果满足第一部上市条件才进入第一部进行交易。同时在第一部上市的股票如果其状况降至一定水平以下，且在一年宽限期内仍未满足第一部的条件，就要重新进入第二部交易。除了市场第一部250种大宗股票仍采用公开喊价方式成交外，市场第一部其余股票和第二部的全部股票都采用电子计算机交易，东京证交所还将上市股票分为3类：1类和2类为国内股票，其中1类股票的挂牌条件高于2类；3类为外国股票。

2016—2021年，日本所有板块的上市公司总数稳步上升，第一部上市公司数量稳步上升，第二部的上市公司数量也保持基本稳定，两个板块合计上市公司数量变化与上市公司总数变化走势基本一致，如图5.20所示。

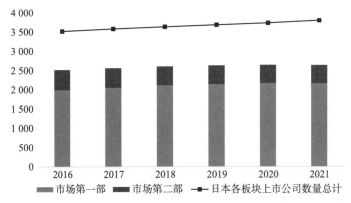

图5.20　日本上市公司数量

（1）东京证券交易所。东京资本市场的发展可以从东京证券交易所的发展中窥见一斑。东京证券交易所创立于1878年5月15日，与大阪证券交易所、名古屋证券交易所并列为日本三大证券交易所，其市场规模位居世界第四，同时也是日本最重要的经济中枢。东京证券交易所的市值仅次于纽约证券交易所、纳斯达克证券交易所、伦敦证券交易所。东京证券交易所和大阪证券交易所于2011年11月23日合并，此举打造出全球第三大交易所运营商。

东京证交所目前有4个市场：黄金市场（Prime）、标准市场（Standard）、增长市场（Growth）和东京PRO市场。黄金市场是一个面向具有大量机构投资者投资规模（流动性）的公司市场，具有更高的治理水平，致力于持续增长和中长期企业价值提升。标准市场面向在公开市场具有一定市场（流动性）的投资对象，并致力于实现可持续增长和中长期企业价值提升的企业市场，同时具有上市公司的基本治理水平。增长市场是一个面向风险较高企业的市场。东京 PRO 市场是根据 2008 年《金融工具和交易法》修正案引入的"专业市场系统"建立的市场。在东京 PRO 市场，经交易所认证的 J-Adviser 代表交易所对公司进行上市审查，并在上市后提供支持。

截至 2022 年 8 月末，东京证券交易所市场 1 部上市公司合计 1 835 家，分布在 33 个不同细分行业，上市公司数量前三的细分行业分别为信息和通信、服务业和零售业，如图 5.21 所示。截至 2022 年 9 月末，2022 年从东京证券交易所完成 IPO 的公司已经达到了 65 家。

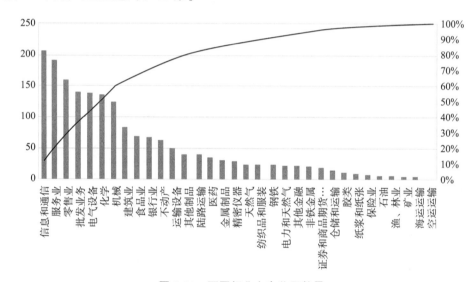

图 5.21　不同行业上市公司数量

东京证券交易所为日本重要的资本市场组成部分，为日本市场提供巨大的流动性，东京的股票市场和债券市场（统称证券市场）是规模仅次于纽约的世界第二大市场。但由于债券发行市场和流通市场均不十分发达，新发行的债券在很大程度上靠金融机构认购，个人通过证券公司认购的比重较小，因此，本来应该反映长期资金供求的债券流通，在很大程度上受短期金融机构资金头寸变化的影响，很难形成适当的价格。2022 年 4—8 月东京证券交易所交易量走势图如图 5.22 所示。

第五章　国际著名金融中心金融高质量发展案例 | 147

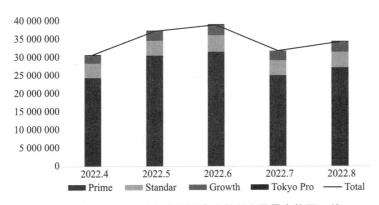

图 5.22　2022 年 4—8 月东京证券交易所交易量走势图（笔）

（2）东京金融交易所。东京金融交易所有限公司（Tokyo Financial Exchange，TFX）于 1989 年 4 月作为一个会员制组织成立，其资本由全球大型金融机构提供。2004 年 4 月，为了加强公司治理以及提高市场的便利性和透明度，TFX 进行了股份化和注册。根据 2007 年 9 月实施的《金融工具交易法》，TFX 从只处理金融期货的"金融期货交易所"转变为更全面的"金融交易所"，可处理任何种类的金融产品，如"Click 365"（外汇每日期货合约）和"Click Kabu 365"（股票指数每日期货合约）。TFX 提供的金融产品种类如表 5.1 所示。

表 5.1　TFX 提供的金融产品种类

序号	TFX 提供的金融产品种类
1	三个月的欧元日元期货
2	三个月欧元日元期货的期权
3	六个月期欧元日元 LIBOR 期货
4	隔夜拆借利率期货
5	外汇每日期货合约（Click 365）
6	股票指数每日期货合约（Click Kabu 365）

东京金融交易所的交易具有以下特点。

① 交易会员：交易会员是直接参与 TFX 市场的企业。为了确保在 TFX 市场进行公平和高效的金融期货交易，交易会员必须符合 TFX 规定的金融和其他会员标准，并保持适当的信用能力。交易会员涵盖广泛的金融部门，如银行、证券

公司、信用协会、期货经纪人、外国金融机构，代表着 TFX 市场的开放性。

② 高流动性：所有 TFX 产品在交易单位、结算日期和价格指示方法等方面都有标准化的条款。这种标准化有助于更多投资者参与 TFX 市场，并在 TFX 市场产生高流动性。

③ 公平市场价格：TFX 市场上执行的所有合同的价格均以公平和高效的方式确定并公布，根据"价格和时间优先"的原则匹配订单。交易会员和非会员投资者都可以通过信息服务供应商访问实时市场数据，包括市场深度。

④ 清算服务：TFX 负责 TFX 市场上所有交易的清算。通过这种方式，市场参与者免受交易对手风险的影响。

⑤ 保证金制度：保证金制度要求市场参与者在交易所存入现金或现金等价物，作为履行交易的担保。每个交易会员的头寸根据每日结算价格（按市值计价）重新估价。如果交易会员存入的保证金金额因按市值计价不足，则必须存入额外的保证金（保证金系统）以防止损失累积。

⑥ 投资者保护：根据分离计划，每个交易会员必须将其客户的保证金与交易会员自己的保证金分离，并将其存入 TFX。同样，TFX 将每个交易会员的保证金和其各自客户的保证金分开，并单独管理。

⑦ 交易系统：TFX 的交易系统具有极大的灵活性和可扩展性，允许交易会员以多种方式进入 TFX 市场。凭借其复杂的功能，交易会员可以在 TFX 市场上进行交易，以满足其各种需求。

东京金融交易所在 2021 年财报中披露，当年所有产品月交易量为 1.38 亿手，其中交易量最高的产品为 T-CLEAR 外汇，值得一提的是 T-CLEAR 外汇是于 2021 年 5 月 17 日才开始交易的，如图 5.23 所示。

根据新的法律，通过响应投资者的需求和促进开发新的有吸引力的系列产品，TFX 作为一个先进的交易所，为日本金融市场的发展作出了贡献，并将继续构建一个可靠和领先的市场基础设施。

二、推动东京金融高质量发展措施

1. 日本金融市场进入办公室

为了扩大日本作为国际金融中心的作用，日本政府致力于通过战略举措使其

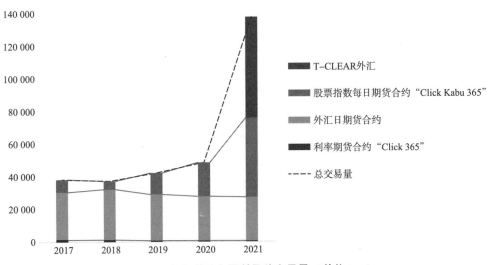

图 5.23 东京金融交易所品种交易量（单位 lots）

资本市场更具吸引力，并创造一个吸引外国企业和高技能外国专业人士的环境。

作为这些举措的一部分，金融厅和地方金融局于 2021 年 1 月 12 日成立了"金融市场进入办公室"，作为一个单一的联络点，处理新进入的资产管理公司从申请前咨询、注册到注册后监管的所有监管过程。

该办公室还将作为一个联络点，为所有类型的外国金融企业经营者在日本建立商业基地的过程中，提供有关金融法律和法规的咨询。该办公室将接管金融市场进入咨询台的作用（在日本建立商业基地的支持）。"金融市场进入办公室"架构如图 5.24 所示。

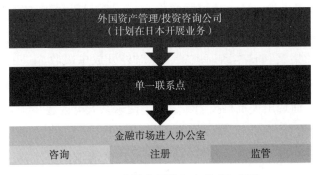

图 5.24 "金融市场进入办公室"架构

2. 建立东京大湾区

东京是国际著名金融中心，与纽约金融中心、伦敦金融中心等国际金融中心并列。同时，东京也是日本的首都，也是日本的"金融之都"。从 20 世纪 60 年代开始，日本政府就开始谋划构建东京首都圈，将东京和周边的几个县协同联动起来，共同开发建设。目前，东京大湾区已经成为世界公认的八大湾区之一。2017 年，东京 GDP 达到日本 GDP 的 19.4%，大湾区 GDP 占日本 GDP 的 36%，高于纽约大湾区和旧金山大湾区。东京发达的第三产业也为金融科技创新奠定了良好的基础。东京与日本 GDP 变化图如图 5.25 所示。

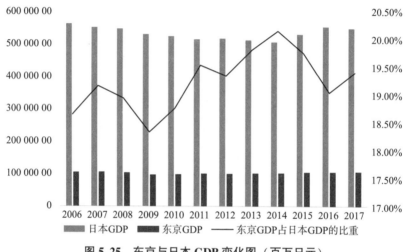

图 5.25 东京与日本 GDP 变化图（百万日元）

东京一、二、三产业 GDP 占比如图 5.26 所示。

20 世纪 90 年代起，日本政府制定出台了一系列科技创新战略与政策措施，刺激东京大湾区科技创新水平的高速增长。东京大湾区依托国际一流大学、研究机构，创新企业集聚和日本政府政策，在对外开放中吸收先进的技术和创新理念，大力发展先进科技生产力，形成有利于科技创新的湾区生态环境，催生众多科技创新机构，涌现出大批科技创新成果，使东京大湾区逐步发展成为具有国际影响力的创新中心。

东京大湾区包括"一都五县"，城市功能定位清晰优势互补，形成了明显的多中心、多圈层城市功能体系。其中，东京都是大湾区的中枢，是日本的政治、经济、金融、文化中心；神奈川县是日本工业、港口、部分企业总部和国家行政

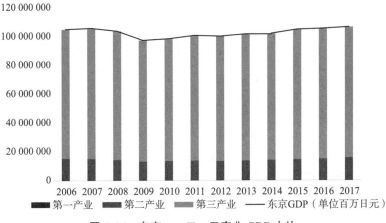

图 5.26 东京一、二、三产业 GDP 占比

机构的主要集聚地；埼玉县是国家机构和商务职能的集聚地，承担东京都部分政府职能；千叶县是国际空港、海港、国际物流、临空产业集聚地；茨城县是高科技产业、大学和研发机构集聚地；山梨县自然资源丰富，是日本的旅游胜地。东京大湾区高度发达的分工体系为金融科技底层技术创新和产品研发提供了丰富的研究资源和强大的工业支撑。

2016 年东京 GDP 占大湾区 GDP 的 57.7%，第二大经济区域是神奈川县，GDP 占比 18.7%，千叶县和埼玉县的 GDP 占比相当，均在 12% 左右，如图 5.27 所示。

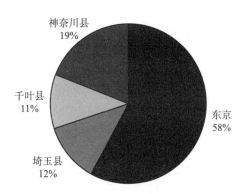

图 5.27　2016 年东京大湾区 GDP 占比

东京大湾区的金融实力十分雄厚。根据 2022 年英国智库 Z/YEN 集团发布的第 31 期全球金融中心指数，东京大湾区 GFCI 得分为 708，成为排名第 9 的国际

金融中心。湾区中银行业占据绝对主导地位，拥有超过90家银行总部。早在2017年，东京证券交易所就将区块链等金融技术用于核心交易。到2018年，世界500强企业中，有52家总部位于东京大湾区。世界500强东京湾区前30名企业的主营业务行业分布，也说明了东京大湾区已经迈入知识密集型的服务型经济，形成高端制造业和高附加值型服务业并举的产业结构。2018年世界500强东京湾区前30公司行业分布情况如表5.2所示。

表5.2　2018年世界500强东京湾区前30公司行业分布情况

主营业务所属行业	数量	公司及其相对排位
汽车制造	4	丰田汽车公司【1】；本田汽车【2】；日产汽车【4】；电装公司【25】
运输及通信业	3	日本邮政控股公司【3】；日本电报电话公司【5】；日本KDDI电信公司【26】
电力及能源	3	日立【6】；JXTG控股有限公司【9】；东京电力公司【9】
金融保险业	8	软银集团【7】；日本生命保险公司【12】；第一生命控股公司【15】；三菱日联金融集团【17】；日本三井住友金融集团【20】；东京海上日动火灾保险公司【23】；MS&AD保险集团控股有限公司【24】；日本明治安田生命保险公司【30】
电子技术	3	索尼【8】；松下【11】；三菱电机控股有限公司【29】
批发零售业	8	日本永旺集团【10】；三菱商事株式会社【13】；丸红株式会社【14】；丰田通商公司【16】；Seven&L控股公司【18】；日本伊藤忠商事株式会社【22】；三井物产株式会社【27】；住友商事【28】
钢铁金属	1	新日铁住金【21】

注：方括号内数字代表世界500强东京湾区前30名企业的排名。

2019年10月1日，SBI证券有限公司宣布与5家证券公司于东京都港区合作成立日本证券通证发行协会（日本STO协会）。2020年4月30日，日本STO协会获得金融服务局的认证，成为《金融工具和交易法》第78条第1款所规定的"授权金融工具和交易所业务协会"。协会从 2020 年 5 月 1 日可以进行电子记录转让权的交易以及其他与交易有关的活动，并能实施自我监管活动。其中，日本 SBI Holdings 公司进军数字货币，三井住友金融集团（FG）和 SBI Holdings（HD）也正式宣布在智能手机金融服务等数字领域全面合作，建立新的数字领域基金。新基金将投资于金融科技、区块链和下一代通信标准"5G"等领域。

总的来说，东京大湾区金融市场的优势明显：一是充足的资本储备，东京是日本的政治中心，集中了日本庞大的外汇储备；二是实行"主银行制度"，银行、企业、政府结合较为紧密，东京大湾区的金融市场具有明显的政府主导特色；三是具有分离式的离岸金融市场模式，使大湾区内金融市场受国际金融市场的波动较小，并拥有高效严格的市场监管，保证东京大湾区金融市场发展的稳定性和持续性。借助雄厚的金融实力以及产业资源，东京政府实行了一系列措施不断优化创新环境，加强金融与科技的深度融合。

在可预见的范围内，东京乃至整个日本的金融科技发展将由传统金融机构的数字化改革主导，数字货币会有更大的发展空间。

3. 政策及监管措施

（1）金融科技。虽然日本的金融科技发展较晚，但是，在日本意识到金融科技产业的战略价值后，日本政府一直在积极采取改革措施以推动自身金融科技产业发展突破。2016 年 4 月 1 日，日本银行成立了"Fintech 中心"；2018 年 6 月，日本金融厅推出了监管沙盒计划，为金融科技创新提供了更为宽松的监管环境；2018 年 12 月，金融服务管理局发布了一份针对虚拟货币交易所和 ICO 活动的监管框架报告。金融服务管理局还宣布，放松对银行参与加密货币产业活动的相关限制。2020 年 7 月初，日本银行已就数字货币的技术问题进行讨论。为了更好地推进金融科技和数字货币领域的发展，日本对其金融监管机构——金融服务管理局（FSA）进行改革，对各个相关部门进行调整。新成立的战略发展和管理局将替代原有的监察局，负责财务战略政策制定，处理涉及数字市场、金融科技和洗钱的问题。政策和市场局接替规划和协调局，为快速增长的金融科技行业制定法律框架。

为了不落后于世界金融科技发展大势，日本以区块链技术应用和虚拟货币为切入点，以点带面推动金融科技发展。2016年5月25日，日本国会通过《资金结算法》修正案，并在2017年4月1日正式实施。这标志着日本承认数字货币为合法支付手段，并将其纳入法律规制体系之内，日本成为全球第一个为数字货币交易所提供法律保障的国家。直到目前，日本政府仍然是国际上少数承认数字货币合法地位的国家之一。日本将比特币等虚拟货币的定位从商品转变为具有货币功能的财产，同时引进虚拟货币与日元等法定货币买卖的交易所登记制度，为防止洗钱等还修正了《犯罪收益移转防治法》，加密货币兑换业者被列为该法上的特定事业者并承担该法上的相应义务。随后日本政府宣布取消在交易所购买比特币所需支付的8%消费税，使日本成为全球最大比特币交易市场，这也提高了日本对区块链技术的需求。

日本金融厅相继为16个虚拟货币交易所正式颁发牌照。在大力发展数字货币的同时，日本也不断加强对数字货币的监管。2018年，日本金融厅曾对本土的32个数字货币交易所进行检查，并正在筹划更改加密货币交易监管条例的法律依据。截至2018年2月，虚拟货币中日元交易量占到全球整体的40%，已超过美元成为世界最大交易份额。2018年7月，日本金融监管机构金融厅（FSA）考虑通过金融工具和交易法案（FIEA）加强管理加密货币交易。为了管理所有法定货币和数字金融市场，日本政府通过交易所集团宣布与IBM达成协议，在部分交易市场中尝试使用区块链技术。为了完善加密货币交易所的安全性和有效性，日本政府建立了区块链行业组织。

（2）新能源产业。日本政府在新能源的研发上，舍得投入，力图确保未来能源科技的制高点。1993年推出"新阳光计划"后，每年拨款570多亿日元，其中约362亿日元用于研究新能源技术、能源输送与储存技术等。

在财政补贴政策上：一是投资补贴，日本把石油进口税的一部分用作新能源项目补贴，政府每年向从事新能源事业的公司发放奖励性补助金；对大规模引进风力发电、太阳光发电、太阳热利用及废弃物发电等，或宣导新能源的公共团体，补助50%以内的事业费及推广费；对于符合新能源法认可目标的新能源推广项目，则补助1/3以内的事业费；另对非营利组织给予支持，以协助和推广新能源事业的发展。二是对消费者的补贴：令生产企业降低设备价格，并按1千瓦9万日元标准直接补助用户家庭。

在税收政策上：日本对于开发新能源的行业企业都实行一定程度的税收优惠。在1998年的税制改革中，日本将开发利用新能源写入"能源供给结构改革投资促进税制"中，在税制上提供第一年获取利润的30%作为特别奖赏。

在金融政策上：一是向新能源产业提供低息贷款和信贷担保，如为住宅安装太阳能系统提供低息，自1994年10月起，贷款年利率为3.9%和为期5～10年的长期贷款；二是提供出口信贷，如利用项目援助推动太阳能发电产品的出口；三是吸引民间资本的投入。

各种各样的经济激励政策的实施使从事新能源事业的公司和消费者对新能源产业的前景和"钱"景信心十足，也极大地促进了这个新兴产业的快速发展。"绿色奥运"助推新能源产业发展。

(3) 制造业。日本金融支持制造业的发展呈现以下特点。

一是政策性银行和商业银行共同支撑制造业发展的金融体系。日本专门设立了为企业服务的国有政策性金融机构，向企业提供符合国家政策导向的、不同期限、低利率的政策性贷款，如日本开发银行先后对制造业企业设立"新技术企业化贷款""重型机械开发贷款""新机械企业化贷款"，三者合称"国产技术振兴资金贷款制度"。

二是"主办"银行融资模式精准服务企业融资。主办银行不仅是企业最大的贷款银行，还承包了企业清算汇兑、咨询、承销债券事项，并通过利用短期贷款发放、向企业派遣董事等经理人员等方式，加强对企业日常财务工作的监督，准确把握企业经营情况，降低企业经营风险。

三是产融结合，利用自有资本积累发展的"财团"产业链模式，扩容壮大企业产业链。日本财团非常重视通过各种参股形式，将财团积累的自有资本渗透到制造业产业链的上下游企业，帮助企业获得稳定的融资支持，使企业更加专注于产品研发、新产品推出与销售。

四是建立中小企业信用补充体系，支持创新型制造业企业融资。为了缓解科技创新型企业抵质押物缺乏的问题，设立中小企业信用担保协会和中小企业信用保险公库，由信用担保协会担保科创企业的贷款申请，信用保险公库对贷款进行再保险，"担保+再保险"组合降低了科创型企业的贷款风险。

第五节　硅谷金融高质量发展

美国硅谷（Silicon Valley）是全球主要的科技创新中心之一。在全球主要创新创业生态系统排名中，凭借其在创新创业绩效、融资、市场覆盖率、人才、创业经验、资源吸引力等主要维度的卓越表现，硅谷连续多年位列第一。硅谷成为全球最发达的科技金融中心之一，其风险投资中心尤其发达。

一、硅谷金融高质量发展现状

1. 硅谷风险投资发展现状

风险投资为核心的资金集群推动创新创业。硅谷拥有世界上最大的、高度成熟的风险资本市场，为创业者和创业公司提供融资支持。大量的初创公司通过参加创业加速器和孵化器来获得资金方面的支持，帮助初创公司成长并吸引投资者。创业公司通过天使投资、风险投资、多轮融资等多种方式获得资本支持，用于公司发展并快速扩张。创业公司发展到一定规模后，通过股权融资、债权融资等方式获得更多资金，推动产业的发展和创新。同时，硅谷还有许多投资机构和基金会，通过资本的流动和创新项目的孵化，推动产业链和创新链的发展。2021年，硅谷的风险投资额达到441亿美元，创下了历史纪录，其中包括257笔每笔超过1亿美元的巨额交易。与此同时，硅谷和旧金山地区的天使投资也呈现爆发性增长，达到12亿美元，同比增长12%。参与这些交易的天使和天使团数量同比增加了近40%。这个高度发达的资金集群大大提高了创新创业成功的可能性，加速了硅谷地区产业的发展和经济的繁荣。

美国风险投资起源于1946年，1960年四大风险投资公司相继成立，随后，美国风险投资中心从纽约和波士顿开始向硅谷转移，重点投资于新兴半导体行业。到了20世纪70年代，真正意义上的三大风险投资公司陆续建立，这些公司在硅谷门罗公园市的沙丘路形成了风险投资公司群，成为世界风险投资的中心，主要投资生物技术和个人计算机产业。美国风险投资的发展为硅谷的兴起奠定了重要基础。从1971到1990年，英特尔、苹果等公司崛起，硅谷涌现出了许多非常著名的风险投资家,他们形成了自己特色鲜明的投资手法和理念。至此,硅谷的风险投资体系、机制和理念都发展得相当成熟且完善。

根据 CB Insights 的数据统计,2023 年四个季度,美国地区的风险投资交易数量占全球的比例平均约为 38%,位居全球风投交易的前列。美国风险投资交易规模整体维持增长。根据美国风险投资协会(National Venture Capital Association,NVCA)数据,2023 年前三季度,美国风险投资成交规模 1 259 亿美元,成交项目数 9 962 个,成交量较 2022 年同期有所下降,这主要归因为 2022 年以来美联储加息导致的投资低迷,但整体来看交易规模相对于五年前仍保持增长趋势。2006—2022 美国风险投资之投资规模和数量趋势如图 5.28 所示。

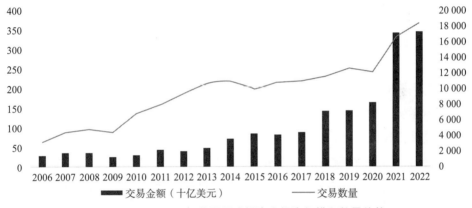

图 5.28　2006—2022 美国风险投资之投资规模和数量趋势

美国风投基金的投资者类别相当丰富,既包括专业的机构投资者,也包括高净值个人客户、家族办公室等。据哈佛商业评论文章显示,风险投资基金的投资者主要是一些大型机构,如养老基金、金融公司、保险公司、大学捐赠基金等,此类大型机构更容易分散资产组合,从而可以使一小部分资金投向"高风险、高回报"的风投基金。大型风投基金更容易募集到新资金,据 NVCA 数据,2023 年前三季度,美国风投基金共募集到 427 亿美元,其中 47% 的资金由规模 5 亿美元以上的基金募集。

2. 美国直接融资发展现状

众所周知,美国拥有全球最为发达和活跃的直接融资市场,截至 2023 年年末,美国主要交易所纽约交易所和纳斯达克交易所合计总市值约为 64.5 亿美元,继续领跑全球。从美国企业的融资结构来看，根据世界银行的数据，截至 2022 年年末，股票以及基金融资占到了美国非金融企业融资结构的 65.6%。美国、德国、日本科技融资的典型模式如表 5.3 所示。

表 5.3 美国、德国、日本科技融资的典型模式

国家	美国	德国	日本
主导方式	直接融资	间接融资	间接融资
典型模式	以风险投资和资本市场为代表的直接融资体系占比更高，辅以政府政策优势以及特色化银行服务完善科技型中小企业融资渠道	以政府主导、银行参与的间接融资方式占据主要地位，政策性银行引导，担保银行分担风险撬动资金为主，以资本市场和风险投资为辅	以政策性金融机构+商业银行+保险体系为代表的间接融资方式为主，以风险投资和资本市场融资为辅

根据美联储公布的金融资产负债表，2022 年年末，非金融公司企业债券融资、贷款融资、股权融资分别占总资产的 10.4%、7.0%、65.4%。美国资本市场证券化率同样领先。以美股为例，2020 年美国上市公司总市值占 GDP 比重为 193%，远高于以间接融资为主的中国（83%）、日本（133%）、德国（59%）。对科技企业而言，美股市场的服务能力也相对更强。据 Wind 统计，截至 2024 年 1 月末，美股市场中信息技术行业上市公司总市值占比超 30%，是市值规模最高的行业。而同期国内 A 股市场中，金融和工业行业仍是市值最高的两个行业，信息技术行业市值占比 14%，排名第三。在美国资本市场优越的直接融资服务帮助下，多个以硅谷、波士顿为代表的高新技术聚集地相继出现，"科技–金融–产业"形成良性循环。美国中小企业融资方式如图 5.29 所示。

图 5.29 美国中小企业融资方式

美国的直接融资体系具体可以总结为以下两个特点：

（1）依托数量众多的私募股权（Private Equity）和风险投资（Venture Capital）机构匹配初创和成长阶段科技企业高风险的融资需求。

（2）多层次的资本市场为科技企业上市提供便利，同时也为风投机构的退出提供丰富的途径。当然，除了直接融资模式外，政府也通过担保增信的方式积极介入对科技企业的融资服务，使以商业银行为代表的间接融资机构也能够参与到对科技企业的金融服务中。

3. 美国债券融资发展现状

美国的高收益债券市场已经相对成熟，企业的发债比例迅速增加，有效地拓宽了科技企业的融资渠道。美国的高收益债券市场可以追溯到20世纪70年代，从20世纪80年代以杠杆收购为主导转向了20世纪90年代"明日之星"企业的崛起。根据SIFMA的统计数据，2010年到2023年，美国高收益债券的年均发行规模达到了2 677亿美元，各年高收益债券发行额在公司债发行额中的平均占比为18%。美国的高收益债券市场之所以能够迅速发展并成为科技企业的重要融资方式，主要原因包括发行制度的优化降低了发行成本、发达的场外交易市场和做市商体系、以及完善的配套风险管理和保护工具。美国高收益债发行额如图5.30所示。

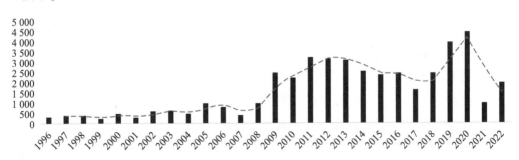

图 5.30　美国高收益债发行额

美国高收益债券主要在场外市场进行交易，发达的场外市场和做市商是必要的条件。由于高收益债券的评级相对较低，且投资者多为大型机构投资者，因此其交易主要集中在场外。美国拥有历史悠久且丰富的场外交易市场，多个做市商的活跃进一步促进了场外市场的交易活跃度。同时，美国金融监管局（FINRA）

创建了交易报告系统 Trade Reporting and Compliance Engine（TRACE），用以监控每笔场外交易，从而提高了高收益债券交易的透明度。

据 SIFMA 统计，2012—2022 年间，高收益债券日均成交额平均为 116 亿美元，高收益债券日均成交额在所有非可转换公司债中的占比平均为 38%，高于发行额的平均占比，说明高收益债券换手率相对于投资级债券更高。

二、硅谷促进金融高质量发展措施

1. 科技中介服务

根据服务内容分类，硅谷的科技中介组织包括人力资源服务机构、技术转移服务机构、金融资本服务机构、管理信息咨询服务机构、财务法务服务机构和其他服务机构。

（1）人力资源服务。当下全球顶尖的十大猎头公司，超过半数来自美国，美国作为猎头产业的发源地，在人力资源服务方面优势明显。全球知名的职场社交平台领英（LinkedIn）就是在硅谷成立的。发达的人力资源服务机构帮助硅谷汇集世界各地优秀人才，支持硅谷的成长。除了纯商业性质的猎头公司，硅谷还有一类特殊组织——科技社团。斯坦福校友会是最早的科技社团之一，硅谷的发展与斯坦福大学校友会息息相关。1938 年，斯坦福大学毕业的休利特（William Hewlett）与帕卡德（Dave Parkard）在爱迪生大街 367 号的车库中创办了惠普公司，当时的车库如今被称为硅谷诞生地；1951 年，在斯坦福大学副校长特尔曼的推动下，世界上第一个大学科技园区建设计划正式启动，吸引了大批电子企业来到硅谷创业。经过多年的积累和发展，目前在硅谷的科技社团数量超过 100 个，包括硅谷本地协会 37 个、亚洲协会 25 个、当地校友会 5 个、专业协会 23 个、当地亚裔美籍协会 8 个、当地网络群体协会 18 个。错综复杂的科技社团人员形成了庞大的人际网络，提供了信息交流的渠道。对于来自世界各地的科技工作者来说，科技社团可以给予他们归属感，能更好地留住人才。科技社团在协调社会矛盾和促进经济发展方面也为硅谷作出了突出贡献。

（2）技术转移服务。技术转移服务机构（Technology Licensing Organization，TLO），主要职能是为大学和科研机构的技术成果申请专利，并将实施权转移给合适的企业，转让费的一部分作为收益返还给成果所有者，同时反馈社会、产业界的需求信息。TLO 的运行有三个阶段：科技成果的发现与评估、科技成果的转化和成果产业化后的反馈，目的是通过不同主体之间的相互交流最终形成一个正反馈系统。美国的《拜杜法案》用立法形式赋予了高校及各研究机构对其取得科技成果的自主处置权。在硅谷，技术转移服务机构主要由大学里的技术转移办公室和其他一些技术咨询、评估、交易机构组成。价值评估人员主要针对发明进行价值的评估，并提供相关知识产权保护与转化方面的法律服务。技术许可人员大部分有生命科学、信息科学或其他高科技专业背景和商业经验，在工作中不断积累经验，逐渐累积对技术潜力和商业价值的判断能力。

（3）金融资本服务。硅谷的风险投资非常发达，虽然常住人口数只占美国总人口的 3%，但全美风险投资总额的三分之一投在了这里。全美超过半数的风险资本企业将总部设在硅谷，在任何时候都有风险资本家在硅谷周围寻找下一个"机会"。同时，美国拥有非常成熟的金融交易市场，其中纳斯达克市场作为面向全球投资人的电子化股票市场，为中小企业提供了广阔的融资平台和充足的资本退出空间。风险投资公司、金融交易市场及完善的金融服务体系为创新企业提供了充裕的营养资源，而企业的发展扩张又反哺了资本的流动，进一步推动了风险投资，这样的良性循环持续驱动着硅谷的高速发展。

（4）咨询服务。美国发达的咨询业为创新创业公司提供了良好的成长环境。咨询业是一种智力密集型的知识服务性产业，以专门的知识、信息、经验为资源，针对不同的用户需求，提供解决某一问题的方案或决策建议。美国的咨询机构专业化程度很高，拥有规范化的服务流程和素质极高的从业人员。咨询机构针对决策、技术、管理等大部分创新创业公司的需求提供了专业服务，目前盈利性和非营利性的咨询机构并存，足以应对各种经营状态下的创新创业公司。全球顶尖的咨询公司，例如麦肯锡、罗兰·贝恩、埃森哲等都在硅谷设有办公室。同时，硅谷的创新企业也对于咨询服务机构具有高度的依赖性，例如近几年刚兴起的旅行房屋租赁社区 Airbnb 就在长租业务的扩张决策上委托麦肯锡进行了市场调研。咨询机构提供的各类专业服务大大节省了创新创业企业的人力物力，同时提升了管理、决策质量，提高了创业的成功率。

（5）财务、法务服务。在企业的经营管理上，财务和法务是无法绕开的部分，因而这方面的专业服务是所有企业的共性需求。硅谷拥有一流的会计师事务所和律师事务所,财务上提供如审计、会计、咨询、税务等方面服务,法务上提供如知识产权、执照法、贸易法等各类特殊服务。据统计,在硅谷律师的密度大约是10个工程师对应一个律师,而高级会计师的数量超过律师,大约每5个工程师就对应一个会计师。

(6)其他服务。在技术创新扩散的服务体系中,不论是否涉及第三方的活动,只要其目的是为另一方的创新提供服务的行为,都应当称之为科技中介服务。因而像物业管理公司、保安公司等一些机构,虽然不提供技术性的服务,但也属于科技中介机构。这些机构与上述提供技术性服务的中介机构一起,构成了一个完整的服务体系,为创业企业的绝大部分需求提供了相匹配的服务,提高了创新企业的创新效率,提升了其成长质量。

2. 公共平台服务

(1)政策支持体系。技术创新方面,美国联邦政府建立了一套完善的鼓励创新、保护创新的法律体系,包括《专利法》《商标法》《版权法》《反不正当竞争法》等,在知识产权保护和科技成果收益分配等共性问题上提供了法律支持。其中20世纪90年代发布的《拜杜法案》使私营企业享有联邦自主科研成果的专利权成为可能,该法案被评为"美国国会在过去半个世纪中通过的最具鼓舞力的法案"。除联邦政府层面的法律外,加州政府还专门出台政策,推动硅谷的创新发展,如制定人才贮备的相关政策,实施学徒制度,发展多个领域的职业培训等。财税金融方面,美国政府通过贴息及信用担保等金融政策完善了硅谷风险投资系统,这直接鼓励了投资者资金投向高风险高回报的创新领域,推动了人才链、创新链和价值链的耦合。

(2)公共交流平台。在硅谷,信息的快速流动离不开众多公共交流平台的支持。一是学术研讨会,这类会议一般由高校召开,定时定期邀请领域内顶尖专家学者对最新学术前沿进行研讨;二是科技社团的月会、年会,各类信息依托硅谷庞大的人际网络关系快速传递;三是大型国际商业展会,如NGK社区团队隆重举办的"NGK线下全球路演第一站(硅谷站)",旨在面对受众展示企业最新的产品和项目,与目标市场进行点对点零距离的沟通,从根本上提升产品和项目的落地性和发展前景。

第六节 法兰克福金融高质量发展

一、法兰克福金融高质量发展现状

德国是高度发达的工业国,经济总量位居欧洲首位,世界第四。2021年德国国内生产总值达到3.56万亿欧元,出口额达到1.69万亿欧元,进口额为1.48万亿欧元。2015—2021年德国经济发展水平如图5.31所示。

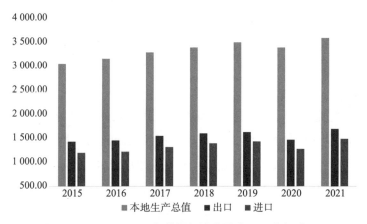

图5.31 2015—2021年德国经济发展水平(十亿欧元)

根据英国Z/Yen集团与中国(深圳)综合开发研究院联合发布的金融中心指数,随着各金融中心的发展,近年来法兰克福金融中心的竞争力有所波动,但依然在一百余个金融中心中排在前列,并且在2021年3月的GFCI指数排名中进入了前十名。2018—2022年法兰克福综合竞争力排名如图5.32所示。

法兰克福有400多家银行、700多家保险公司以及无以数计的广告公司,同时,法兰克福的证券交易所是世界最大的证券交易所之一,经营德国85%的股票交易。

从经济角度看,法兰克福具有非常重要的经济地位,是德国乃至欧洲工商业、金融服务业和交通中心之一,在德国人口最多的50个大城市的经济活力排名中位居首位,在生活水准排名中居慕尼黑和斯图加特之后列第三位,德国最大

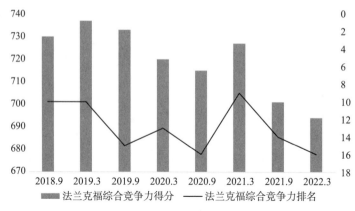

图 5.32 2018—2022 年法兰克福综合竞争力排名

的 100 家工业企业中有 20 家总部设在法兰克福。法兰克福是德国最重要的铁路、公路和航空交通枢纽，法兰克福机场已成为全球最重要的国际机场和航空运输枢纽之一。

同时，法兰克福是一个具有 800 年历史的著名的博览会城市。每年要举办约 15 次大型国际博览会，如每年春夏两季举行的国际消费品博览会；两年一度的国际"卫生、取暖、空调"专业博览会；国际服装纺织品专业博览会；汽车展览会；图书展览会；烹饪技术展览会。每逢展览季节，法兰克福都呈现出一片繁忙的景色，市区街道更显得生气勃勃。参加博览会的人数平均每年超过 100 万，博览会已成为人们了解世界及世界了解德国的一个重要窗口。如 2022 年 2 月 7—11 日举行的法兰克福春季国际消费品博览会，吸引了全球 90 多个国家，4 600 余家展商参展，其中有 664 家中国展商报名参展。

1. 法兰克福货币市场发展现状

早在 1180 年，作为"帝国城市"，法兰克福就拥有铸币权。1402 年开设了第一家货币兑换所，1585 年成立了证券交易所。19 世纪初，仅有 4 万人口的法兰克福就有银行近百家，其中几家银行的名称迄今沿用，如贝特曼银行、豪克银行、梅茨勒银行等。1820 年，法兰克福首次出现股票交易。1862 年成立的法兰克福抵押银行是第一家以股份有限公司形式注册的企业。1948 年，法兰克福市被选作中央银行——德意志州银行的所在地。该行拥有货币发行权，并负责制定、推行统一的货币和信贷政策，为后来法兰克福发展成金融中心奠定了基础。

1957 年，根据《德意志联邦银行法》建立了德意志联邦银行，即联邦德国的中央银行，总行地址仍设在法兰克福。各类金融机构为加强与中央银行的联系，纷纷设在法兰克福，使这里银行云集，成为欧洲货币机构云集之处。

截至 2021 年 3 月 31 日，在德国监管机构监管下的信用机构有 1 439 家。其中 CRR 信用机构 1 324 家，有储蓄计划的房地产公司 47 家，支付机构和电子货币机构 82 家，投资公司 745 家，金融服务机构 42 家，如图 5.33 所示。

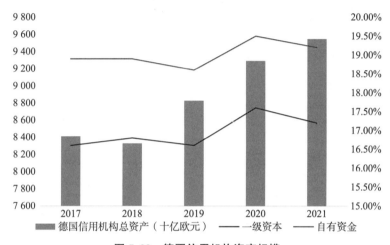

图 5.33　德国信用机构资产规模

法兰克福的金融力量形成一个巨大的短期资金借贷的货币市场。其业务主要有银行同业拆借、公开市场业务、票据贴现、存款及短期贷款等。银行间的拆借业务主要是拆借短期资金。商业银行在联邦银行都开有活期存款账户，当一家银行从另一家银行借款时，由贷出银行通知联邦银行转账归还贷出银行。这种业务可使各家银行按照不同的情况随时调整它们存在联邦银行的余额，以维持银行的清偿能力。票据贴现业务指商业银行需要资金时，可持未到期票据到中央银行贴现。私人则可持未到期的票据到商业银行或贴现公司贴现。法兰克福的商业银行是全面性银行，经营各种银行业务，既吸收活期、长期存款，也发放短期贷款。2017—2021 年德国信贷结构变化如图 5.34 所示，德国银行间同业拆借利率如图 5.35 所示。

德意志银行在德国有难以替代的地位，也是国际著名的综合金融集团。1998年 11 月，德意志银行以 102 亿美元、93 美元/股的价格收购美国第 8 大银行信孚银

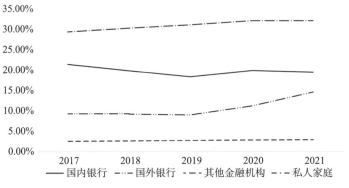

图 5.34　2017—2021 年德国信贷结构变化

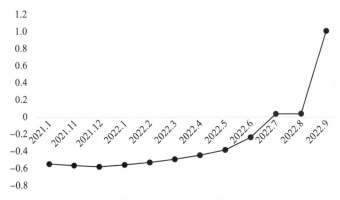

图 5.35　德国银行间同业拆借利率（%）

行；同年德意志银行与西班牙邮政公司合作，开展广泛的零售银行业务；2000 年之后德意志银行并购英国保诚机构资产管理业务部、澳大利亚第一财富集团控股公司，收购美国从事房地产投资管理的 RREEF 公司以及商业按揭银行 Berkshire Mortgage、Chapel Funding，并购苏黎世金融服务集团下属的经纪公司 Zurich Scudder Investments。

业务角度，德意志银行有私行、投行、公司银行、资管、资本发行和其他公司业务六大业务板块。私行和商业银行业务属于公司零售范畴，主要提供私行业务和全球客户财富管理服务，2019 年贡献了公司营收的 35.6%；投行业务涉及范围较广，包括销售交易、债券和股权融资发行、咨询业务等，2019 年营收占比 30%；公司银行业务是 2019 年从公司和投行业务板块拆分出来，涵盖了交易银行和权益类资产的销售交易，整体营收占比 22.7%，早期包括投行业务在内的对公业务占据公司营收的60%以上；资管业务贡献了公司营收的10.1%。财务角度，德意志银行的衍生资产和负债分别占总资产和总负债比重的34.1%和34.5%，远超其他国际大行低于5%的水平，其中利率和外汇衍生品比重分别占78%和15%。营收中，非息收入占比贡献度超50%，其中手续费佣金收入占比40%以上并持续提升。

2. 法兰克福资本市场

经营中、长期借贷资金，以法兰克福的商业银行和法兰克福证券交易所为主。商业银行除发放长期贷款外，还经营发行和买卖有价证券的业务，它们中许多是法兰克福证券交易所的成员。法兰克福证券交易所成立于16世纪，是当时全国最大的交易所。该所经营有价证券、汇票、各种货币及其他支付手段以及硬币和贵金属的买卖。20世纪80年代初，拥有90多家成员银行，其中20多家是外国银行。

法兰克福证券交易所的结算工作效率很高，原因主要是法兰克福设有直接为证券交易服务的银行，如法兰克福证券储备银行和德意志外国证券储备银行，前者从事有关德国证券的转手、保管和收息工作，后者则负责保管外国证券。

法兰克福证券交易所设有三个板块，分别为高级市场、一般市场和初级市场。三个板块提供股票上市融资和公司债券发行服务，但对应是否由欧盟监管，则有所区分。根据欧盟规定，欧盟境内的证券市场主要分为两类，一是受欧盟监管的官方市场，该市场须遵循欧盟法规；另一类是由交易所自己监管的公开市场，遵循交易所规范即可。目前，法兰克福证券交易所的高级市场和一般市场被列入欧盟规范市场，初级市场则被列入交易所规范市场。德国境内所有证券市场结构已与欧盟衔接一致。2017—2021年德国投资基金发展情况如图5.36所示。

法兰克福交易所的一大重要优势是其双重上市机制，也被称为"跨境上市""交叉上市"或"二级上市"。该机制允许已在其他符合条件的交易所上市的公司，快速（最多两周）在法兰克福交易所进行二次上市。双重上市极大的扩展了公司筹集股本或债务融资的能力、提高了交易量以及流动性并且大大提高了上市公司在海内外投资者中的知名度。

法兰克福交易所还具有的其他优势：高效的交易平台、拥有安全的结算与清算能力、具有大量的市场数据以及分析能力、拥有比除纽约证券交易所和纳斯达

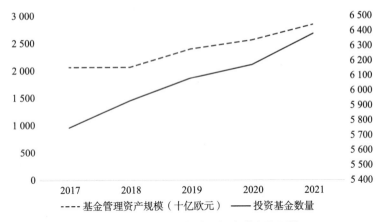

图 5.36　2017—2021 年德国投资基金发展情况

克以外的世界所有交易所都要多的高体量等。德国上市公司数量与市值如图 5.37 所示。

图 5.37　德国上市公司数量与市值

二、推动金融高质量发展措施

1. 推动工业进一步发展

德国工业基础健全，凭借强大的机械和装备制造业，一直处于欧洲领头羊的地位，是全球制造业中最具竞争力的国家之一。《2019 中国制造强国发展指数报告》显示，德国制造业在质量效益、结构优化、持续发展等方面远远优于中国，2018 年中国劳动生产率仅为德国的 27.8%。

《国家工业战略 2030》提出，计划到 2030 年将工业产值占 GDP 的比重增至 25%。《国家工业战略 2030》将化工、汽车、机械、光学、绿色科技、航空航天及 3D 打印等工业领域作为政府重点支持对象，特别强调未来最重要的基础创新领域是数字化以及人工智能应用，而只有"基础创新"和"创新速度"才是"游戏规则改变者"，即竞争力的根本来源。以此为方向，政府在这些行业和创新领域提供财政和税收、价格和融资、改善市场环境和垄断法方面的政策。此外，《国家工业战略 2030》还提出了特别产业政策以维护经济主权，一个是禁止外资并购本国涉及技术和创新领先地位的企业，以避免关键技术流失；另一个是修订德国及欧洲的补贴与竞争法规定，为德国企业创造国际市场的公平竞争环境。

同时，德国出台了大量初创企业扶持措施，联邦政府经济部、财政部、科技部以及各州政府、德国工业协会工商会均有下设专门的中小企业发展促进机构，在组织、法律、资金、信息技术等多方面为企业提供服务，助力隐形冠军的进一步发展。

德国当前在努力推进工业 4.0 架构的实现，工业 4.0 的核心目标是实现数字化、智能化的制造与服务。从技术层面看，工业 4.0 的核心是信息物理系统，即利用传感器、物联网、工业大数据和人工智能，可以构建资源、信息、物品和人相互管理的信息物理系统，从而实现制造业的数字化、网络化、智能化。从产业层面看，工业 4.0 是制造业网络体系的重构，也是产业组织方式的根本改变。工业 4.0 着力构建智能产品、智能制造、智能服务并存的制造业生态体系，由平台企业、工业软件服务商和工业安全方案提供商共同提供支撑。

德国具有完备的工业体系，以及强大的基础。汽车领域，德国拥有戴姆勒、大众和宝马三大巨头，还拥有世界最大的汽车零部件供应商博世。机床领域，机床是德国的传统优势工业，德国的机床享誉全球，德国的德马吉森精机是欧洲第一大机床集团；除此之外，通快集团是全球制造技术领域的领导企业之一，其在激光加工领域排名全球第一。电子电气领域，德国在电子电气行业拥有西门子、英飞凌、博世、捷德、库卡等大批世界一流企业。机器人制造领域，德国的库卡公司是工业机器人四大家族之一，也是全球顶级为自动化生产行业提供柔性、生产系统、机器人、夹模、模具及备件的供应商之一。自动化领域，西门子的自动化控制是世界工控领域的王者，除了西门子以外，德国还有诸多自动化工业巨头，比如费斯托、倍福自动化等。通信、软件及科技互联网领域，德国拥有 SAP 公司（全球最大的企业管理和协同化电子商务解决方案供应商、全球第三大独立软件供应商）、英飞凌科技股份有限公司（全球领先的半导体公司之一）、德国电信股份公司（欧洲最大的电信运营商、全球第五大电信运营商）等。德国工业体系代表公司发展现状如表 5.4 所示。

表 5.4 德国工业体系代表公司发展现状

名称	2020 公司总市值（亿欧元）	2019 年报营收（亿欧元）
SAP 公司	1 478.14	269.39
英飞凌	254.05	80.30
Nemetschek	67.91	5.36
TEAMVIEWER AG	63.76	2.58
Bechtle 公司	52.58	51.30
CompuGroup 医疗	33.93	7.35
Siltronic 公司	26.92	13.54
Software 公司	23.01	9.00
CANCOM 公司	20.28	15.91
Jenoptik	14.58	8.37
RIB 软件公司	11.73	1.93
爱思强	9.63	2.72
Secunet 安全网络	9.10	2.01
Mensch undMaschine 软件	7.12	2.26
Medion 公司	6.88	5.58
Elmos 半导体	5.73	2.95
Basler 公司	5.71	1.57
Atoss 软件	5.71	0.67
Muehlbauer	5.48	2.75
Datagroup 公司	5.46	3.07

2. 法兰克福成为国际可持续发展准则理事会总部（ISSB）所在地

国际可持续发展准则理事会（International Sustainability Standards Board, ISSB）是国际独立的标准制定机构，由国际财务报告准则基金会（International Financial Reporting Standards, IFRS）发起组建，于2021年11月3日在第26届联合国气候变化大会上正式启动，旨在制定与国际财务报告准则相协同的可持续发展报告准则。

关于ISSB总部所在地的竞争非常激烈，最终，在为制定气候相关财务报告全球标准而计划的国际机构席位的争夺战中，法兰克福占了上风，至此法兰克福是这家机构最主要的办公地点。法兰克福"金融中心倡议"（即法兰克福申请ISSB总部所在地的倡议）获得了德国联邦政府"最高层面"的支持，同时也获得了总计185家公司和协会的支持，其中就包括德国工业协会和德国银行协会。

可持续发展这一领域将全球范围内变得愈发重要，尤其是在应对气候变化和实现可持续性方面，这当中金融市场将发挥核心作用。金融市场决定了哪些公司将在未来获得融资，这取决于他们是否有可持续化的经营模式。而银行和资产管理公司也会受到影响，可持续化指标将成为风险评估新因素。

国际可持续发展准则理事会的建立，有利于缓解可持续金融市场上的监管不透明问题，也有利于制定统一的ESG（Environmental, Social, Governance）评级标准。从这一事件可以看出，法兰克福将成为国际金融大都市，并影响可持续发展领域的全球报告标准。这证实了法兰克福在未来金融，即可持续金融方面的引领作用。

第六章 政策建议

当前，我国加快构建以国内大循环为主体、国内国际双循环相互促进的新发展格局，我国经济也从高速增长阶段转向高质量发展阶段。在市场机制作用下，经济可持续发展需求与技术经济演进趋势形成交汇，经济和产业发展必然要向高精尖方向升级换代。针对我国高精尖产业发展现状，本书提出以下政策建议。

1. 努力吸引优质的生产要素

高端的技术、优良的设计、知名品牌和高精尖人才等优质生产要素是高精尖产业发展所必需的，除了自主研发和培育外，应不断吸引全球优质生产要素源源不断流入；同时，打造一批吸引全球产业链优质生产要素流入的开放新高地，建设一批高层次开放、高水平服务的现代化国际化产业园区，使其成为吸引全球优质生产要素的产业平台和载体。

2. 推动产业链上中下游融通创新

现代科学技术发展和工业化大生产的显著特点是科学技术的交叉与融合，任何企业都很难独立地完成技术创新、零部件制造和生产的全过程，因此需要依托社会化分工、协同与合作。根据产业链的特点，从设计、材料、设备、工艺、关键零部件、总成等各个环节，在全国范围内布局创新链，选择不同环节中具有优势的企业和科研院所，按照总体目标的要求，分别承担其中某一环节的研发、攻关和配套任务，最后由具有综合技术实力的高精尖龙头企业集成，推动产业链上中下游融通创新。

3. 进一步促进园区高质量发展

园区是培育高新技术领军企业、硬科技企业、隐形冠军的主平台，推动园区高质量发展有利于培育更多的高精尖领军企业。促进园区高质量发展着力点有以下三点。

一是在园区发展中政府与市场的分工应明确，进一步强调市场对人才、技术、资金的配置作用，政府主要做好良好的营商环境，通过政策创新、机制创新、服务创新等方式，营造科技园区的"发展生态"。

二是着力推动园区产业融合发展，推动园区数字经济与制造业、数字经济与服务业的融合，推动园区低碳绿色产业与制造业的融合，推动园区产业内部的融合创新。

三是推动园区内大企业与专精特新中小企业的协同发展。大企业是园区产业链与创新链的龙头，专精特新中小企业则有助于保持园区供应链、产业链稳定。积极促进园区大企业与专精特新中小企业协同发展，培育发展具有国际竞争力的高精尖企业。

4. 将产业升级与消费升级相对接

产业升级和消费升级是相辅相成、并驾齐驱的，产业升级满足消费升级需求，从必需品向便利品、质量高的产品转移，提升质量与标准化体系，全面提升产品服务品质；消费升级又能促进产业升级，能激活各领域的产业，有助于产业升级。

一是注意把握消费分层化、小众化、个性化，快消品的市场特点，不断提升产品迭代能力，生产多样化的产品，应对消费群体变迁和消费需求升级。

二是全面提高产品的内在质量，尽管我国不少企业生产的产品质量已有很大改观，特别是外观质量进步明显，但与世界先进制造水平相比，差距仍然较大，内在质量差距尤为明显，主要是材料、加工、装配等工艺环节还存在粗制现象，应全面提升产品内在质量。

三是重视需求端拉动作用，提高居民对信息服务、新能源汽车等产品的消费意识，鼓励购买新兴产业消费品作为扩大内需政策的重要内容，带动高精尖产业持续增长。

5. 全面优化产业创新的营商环境

与传统企业相比，高精尖企业培育发展是一个复杂系统，对营商环境的要求更高。

一要全面加强知识产权管理，对高精尖企业专利申请和维持给予补贴，建立知识产权态势分析与发布平台。

二要完善产业共性技术平台，组建由高精尖企业参与的国家实验室。

三要把重点转向需求激励政策，用创新激励因素助力企业高质量发展。

6. 促进北京金融高质量发展

金融是实体经济的血脉，资金是企业运行的血液，金融已渗透到各行各业的方方面面。作为首都经济的第一大支柱产业，金融已成为北京高质量发展的重要支撑力量。要持续提升服务能力，更好服务保障国家重大战略和政策实施，促进北京金融的高质量发展，提出如下政策建议。

一是强化首都金融管理职能，优化金融业态布局。一方面，要不断强化监管决策、资源布局、支付结算、统计发布、标准制定、国际合作、金融法治、金融安全功能，建设与大国首都地位相匹配的国家金融管理中心。另一方面，要打造具有全球竞争力的现代金融业态，支持银行、保险、证券、基金、信托、期货公司等各类持牌金融机构在京创新发展，发挥头部带动作用，打造立足北京、代表中国、面向世界的金融机构生态体系。

二是促进金融与科技的深度融合，充分发挥发挥"金融+科技+数据"叠加优势。其一，要加强科技与金融深度融合发展顶层设计，制定系列可行性财政支持政策，科学选择投入方式，包括直接投资、专项拨款、间接补贴等，扶持金融与科技融合发展。其二，要利用北京高校优势，构建产学研融合新生态，推进教育科技人才的深度融合。其三，要鼓励和支持金融科技企业健康发展，优化政策支持和营商环境。针对科技创新企业研发周期长、融资难、融资贵等问题，加大资金和政策方面的支持力度。

三是要完善多层次金融市场体系，提升资本市场的广度深度。首先，要持续深化"新三板"改革，进一步完善创新层分层标准，为北交所培育和输送更多优质上市资源。其次，要持续发挥北交所在多层次资本市场中的显著作用。加强北交所与其他板块市场的互联互通，进一步提高北交所的流动性，着力推进北交所高质量扩容。最后，进一步完善股权、债权、期权、期货等金融市场功能，提升交易深度和市场流动性，提升融资、再融资、并购功能，加强多层次资本市场建设，深化北京证券交易所与北京股权交易中心市场合作衔接，发挥"新三板"基础层、创新层对北京证券交易所的支撑作用，加强多层次资本市场国际合作。

四是引导金融机构服务高质量经济发展，促进城乡居民共同富裕、经济可持续发展。一方面，要加强普惠金融服务民生，坚持"以人民为中心"的发展理念，做好金融支持各类市场主体和科创民营小微企业发展，持续加强金融服务乡村振兴，满足人民群众日益增长的金融服务需求。另一方面，加快绿色金融改革，构建起以改革开放为动力、以创新引领为特色、以低碳持续为导向、以保障安全为底线的绿色金融体系，支持首都经济绿色低碳发展，促进生态文明建设。

五是完善金融服务与监督机制，防范化解金融系统重大风险。其一，应实现跨机构、跨行业的经营业务监管体系，立足于"全机构、全资产、全口径、全流程"，形成对不同机构的统一全面风险管理，提升对风险的前瞻性预判、系统性防控和协调化解能力。其二,应强化金融服务系统的数据安全防御工作,加强区块链、人工智能等技术在风险跟踪、风险监测等领域的深度应用,保障金融数据的安全性和完整性。其三,应设立专门的金融科技服务部门,建立相应的评估模型,充分运用金融科技手段,通过系统全面汇总风险数据,对交叉风险进行主动管理。强化对金融管理部门、金融机构、金融基础设施安全运行的服务保障,使北京始终成为金融安全稳定的首善之区。

7. 应对措施

在北京市金融支持高精尖产业快速发展之中,存在着信息不对称、政策传导链长、优惠难落地以及金融服务缺失等问题,应对措施建议如下。

在信息不对称方面,要进一步发挥政府的政策引导作用。一方面,政府需要积极组织协调,搭建起与金融机构沟通的平台,缓解金融机构担忧,并加强对寻求金融支持的企业的审核与管理机制,将资源提供给真正需要帮助的科技创新型企业,保障科技成果的顺利落地与成功转化。另一方面,不断完善外资引入政策,通过多种方式持续优化国际化引入外资服务。依托政府机构推介重点外资项目,进行招商引资和产品推介,进一步推进资本市场对外开放,吸取外国先进投资理念,提升资本市场资源配置功能,加快推进国内资本市场的市场化改革。

在政策传导和落地方面,应结合高精尖产业自身特征,发挥金融支持政策的普惠性与长期性。首先,对于创新的不同阶段,差异化地提供针对不同时间节点的金融支持政策和金融产品,保证金融支持政策的长期性与稳定性。与此同时,建立畅通的政策传达机制,降低交易成本。其次,针对小微企业创新的不确定性,应成立专门金融支持高精尖产业发展部门或依靠国家政策性金融机构,优化现有科技类贷款项目,为科技型企业提供成本更低的融资途径,并针对专项贷款项目建立全新的适当监管系统,以实现专款专管。再者,简化流程,优化信用评价标准。利用数字技术,实现企业贷款申请材料审批核实的电子化、精简化,缩短办理流程的周期;利用大数据手段整合科技企业信用评价模型,准确评价科创企业,缓解信息不对称,解决中小型科技企业的燃眉之急,增强金融支持高精尖发展政策的差别化、导向性和精准度。

在金融服务体系方面,研发具有专业针对性的融资工具,优化科技企业所处信用环境。支持金融机构与高精尖产业区共同设立特色专营机构服务科技企业,开展科技企业上市培训项目，发行高精尖企业集合债券。与此同时，支持"新三板"和北交所因地制宜，进行与科创企业现实需求相适配的创新，发挥创新驱动力量。加强金融机构间业务信息互通，形成错落有致、优势互补的良性金融生态，达到扩大政策措施的"共振"效应。

在科创成果转化方面，应尊重科技创新规律和市场经济规律，发挥企业、研发机构、高等院校、转化服务机构等创新主体作用，遵循自愿、互利、公平、诚实信用的原则，加强知识产权保护，不断完善监管体系与机制，让资金真正作用于科技创新成果的转化过程，依法严惩腐败以及扰乱市场的不当行为。